VALERIA MAGLI

MAGLI

VAL

MAGL

VALERIA

CHARTA

Progetto grafico/*Design*
Roberto Pieracini con/*with* Elio Zerial

Coordinamento grafico/*Graphic Coordination*
Gabriele Nason

Coordinamento redazionale/*Editorial Coordination*
Emanuela Belloni
Elena Carotti

Redazione/*Editing*
Cecilia Bagnoli
Charles Gute

Traduzioni/*Translations*
Clive Prestt

Copy e ufficio stampa
Copywriter and Press Office
Silvia Palombi Arte&Mostre, Milano

Grafica web e promozione on-line
Web Design and On-line Promotion
Barbara Bonacina

Crediti fotografici/*Photo Credits*
Rina Aprile, p. 15/16-17/26/27/28-29
Carla Cerati, p. 18/19/20-21/30/31/32-33/40/41/50/51
Brigitte Engueraud, p. 34-35
Armando Fontana, p. 56-57
Archivio F. Garghetti, p. 38-39
Fabio Simion, p. 62/63/64/65/66/67
Jean Pierre Tesson, p. 36-37
Mario Ventimiglia, p. 22-23/24-25/42-43/44-45/46/47
52-53-54-55/58-59

Ci scusiamo se per cause indipendenti dalla nostra
volontà abbiamo omesso alcune referenze fotografiche.
*We apologize if, due to reasons wholly beyond our
control, some of the photo sources have not been listed.*

Edizioni Charta
via della Moscova, 27
20121 Milano
Tel. +39-026598098/026598200
Fax +39-026598577
e-mail: edcharta@tin.it
www.chartaartbooks.it

Printed in Italy

Questo libro è stato pubblicato in occasione della mostra
This book book has been published on the occasion of

Ballroom

piazza coperta • sala Borsa • Bologna
11-21 maggio/May 2003

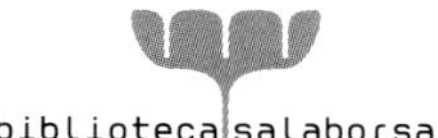

con il contributo di
with the sponsorship of

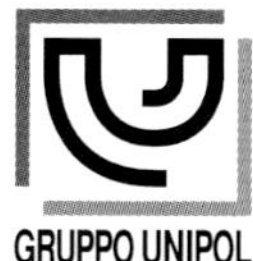 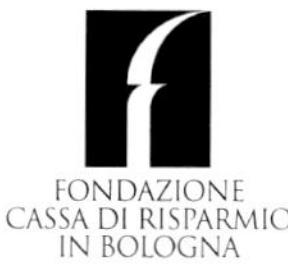

SOMMARIO CONTENTS

Ugo Volli

Questo libro contiene e organizza le tracce vive di un'attività artistica e culturale ricca e variegata, un percorso che si è espanso, durante molti anni, attraverso le barriere dei generi e non solo di quelli dello spettacolo. È il lavoro di Valeria Magli, una delle artiste più anomale e complesse della scena italiana degli ultimi decenni: danzatrice, coreografa, attrice, interpreta anche i suoi spettacoli in video.

Ma è anche artista visiva, produce degli oggetti d'arte intriganti e curiosi, è stata scrittrice ed editrice (ha pubblicato in Italia il libro di Etienne Decroux *Parole sul mimo*), ha partecipato ad avventure culturali emozionanti come *Alfabeta* e ha spesso fatto da ponte fra cultura italiana e francese.

La sua danza, il punto focale della sua definizione artistica, è altrettanto ricca di stimoli e di deviazioni: quasi una figura frattale, una riproduzione in scala della complessità dei suoi interessi culturali.

Su una base classicamente moderna si è inserita una robusta esperienza di tipo sportivo (la Magli è stata una ginnasta di livello nazionale) e l'interferenza di altri linguaggi eterodossi come il tip-tap.

I suoi oggetti sono spesso stati molto astratti, come nelle esperienze di danze sulla voce della poesia, condotte a fianco di sperimentazioni vocali come quella di Demetrio Stratos, o su materiali futuristi. Negli ultimi anni della sua attività, Valeria Magli ha scoperto una vocazione biografica, che ha sviluppato con lo spettacolo su Suzanne Lenglen, ma anche sull'ultimo dedicato a Coco Chanel e ad altre donne degli anni Venti parigini. In ognuno di questi spettacoli si mescola in maniera eversiva la documentazione accurata e la libera fantasia, la ricomposizione del gesto secondo cellule ossessive e il tentativo paradossale di identificarsi con il proprio oggetto.

Ogni lavoro di Valeria Magli è come un gioco: serio e leggero insieme, regolato e libero, svincolato da ogni valore documentario, ma capace di far emergere la verità del suo oggetto. Sotto il gesto, identifichiamo sempre la profondità di un pensiero e la sua obliquità.

È un pensiero della rappresentazione, che ne vede sempre la cornice e così è in grado si esaltarne la paradossale vicinanza, dovuta proprio alla diversità di natura rispetto al suo oggetto (la poesia danzata, che trae leggerezza

dalla gravità del corpo; il tennis portato in scena e reso mitico dalla
mancanza della competizione; il futurismo reso meno ambiguo ma più
provocatorio per il fatto di essere declinato al passato; il teatro che esce
dalla banalità della messa in scena convenzionale per essere tradotto in
un corpo in movimento senza finzione).

Sotto il pensiero c'è un corpo: corpo espressivo, corpo disciplinato
e deciso. Impossibile comprenderlo senza usare participi passati e verbi
al passivo: un corpo che è stato deciso, che è stato disciplinato, per cui
l'espressione è una condizione costruita, come una traduzione. Questa
condizione dà al corpo uno spessore che è anche temporale, una precisione
che è anche distacco, avanzo rispetto all'intenzione descrittiva o ritmica.
Nella presenza "passiva" del corpo di Valeria Magli si nasconde il peso ma
anche il potere della materia, la forza dell'organico, l'infinita riserva di senso
della sensibilità femminile.

Il segreto della sua danza sta qui, nel contrasto tra la forma estremamente
precisa, acuminata e intellettuale del suo progetto artistico, con l'influenza
evidente della "svolta linguistica" delle avanguardie artistiche novecentesche
e la presenza altrettanto evidente, concreta e potente della passività della
carne, di una materialità che torna in tutti i suoi lavori.

Questa tensione è stata portata alla più grande chiarezza dalla dimensione
delle produzioni di Valeria Magli, sempre limitate alla misura della sua
persona, sempre legate a una soggettività concreta, mai mediate da una
dimensione "coreografica".

Lo spazio in cui si muove il corpo della Magli, come quello in cui appaiono
i suoi altri prodotti artistici, è sempre un territorio mentale sgombero,
estremamente concentrato: un gesto infinitamente variato, come testimonia
questo libro, ma estremamente semplice e coerente con se stesso.

Un percorso che torna continuamente sui suoi passi, come le danze della
Magli: ma per verificarsi, per contraddirsi, per disfarsi riaffermandosi.

Ugo Volli

This book contains and organizes the living paths taken by a rich and varied artistic and cultural activity over many years, a route that has expanded the barriers of performance and every other genre. It is the work of Valeria Magli, one of the Italian scene's most anomalous and complex artists during the last few decades: dancer, choreographer, actress, and interpreter of her own performances on video.

Moreover, she is a visual artist who produces intriguing and curious objets d'art; she has been a writer and an editor (in Italy she published Etienne Decroux's book *Words on Mime*); she has participated in emotional cultural adventures such as *Alfabeta*; and she has often bridged the gap between Italian and French culture.

Her dance, the defining focal point of her art, is equally rich in stimuli and in deviation: as a figure she is almost fractured, a scale reproduction of the complexity of her cultural interests.

Upon a classically modern base she has placed robust experience from competitive sport (la Magli was a national gymnast) and inference from other heterodox languages such as tap dancing.

Her objects have often been very abstract: for example, in her dance to the voice of poetry, conducted alongside vocal experimentation such as that of Demetrios Stratos; or in her use of futurist material. In the later years of her work, Valeria Magli discovered a biographical vocation that she developed in a performance work about Suzanne Lenglen, but also in her last show dedicated to Coco Chanel and to other women of the Parisian 1920s. In each of these performances, accurate documentation and free fantasy mix in a revolutionary manner, and gesture is recomposed according to obsessive units and paradoxical attempts to identify herself with the subject matter.

Every piece of work by Valeria Magli is like a game: both serious and light, regulated and free, tied by every documentary value but able to bring out the truth of her subject. Beneath the gesture, the depth of thought and obliqueness can always be identified.

It is a representative thought which she always views as a framework, and so is able to exalt the paradox found in the representation, the paradox due to the diversity of nature compared to her subject (the danced poetry which draws lightness from the gravity of the body; tennis brought to the stage and rendered mythic through the lack of competition; Futurism rendered less ambiguous but more provocative for the fact that it is set in the past; the theatre that comes out of the banality of the conventional mise-en-scène in order to be translated into a body in movement without pretence). Beneath the thought there is a body: a body expressive, disciplined and decisive. It is impossible to understand it without using past participles and verbs in the passive voice: a body that has been decisive, that has been disciplined, for which expression is a constructed condition as if it were a translation. This condition gives a side to the body that is also temporal, a precision that is also detached, and with respect to descriptive or rhythmic intention, advanced. Inside Valeria Magli's body's "passive" presence, the weight and also the power of the material, the organic strength, the infinite reserve of the feminine sensibility, all lie hidden.

This is where the secret of her dance lies: in the contrast between the extremely precise, sharp, intellectual form of her artistic project, with the influence of the 1930s artistic avant-garde's "linguistic turn" evident, and the equally evident presence of a materiality in which the passivity of the flesh is concrete and powerful, and which returns in all her work.

This tension has the greatest of clarity thanks to the scale of Valeria Magli productions; they are always limited to her personal size, always linked to a concrete subjectivity, and never intermediated by a "choreographic" size. The space in which la Magli's body moves, just like that in which her other artistic productions appear, is always an extremely concentrated, moving mental territory: as this book testifies, it is an infinitely varied gesture, but extremely simple and coherent.

La Magli's dances are a path that continually retraces it steps: but proving itself true, contradicting itself, and reasserting itself by taking itself apart.

SPETTACO

PRODUCTIONS

LE MILLEUNA

Centre
Georges Pompidou
Paris 1991

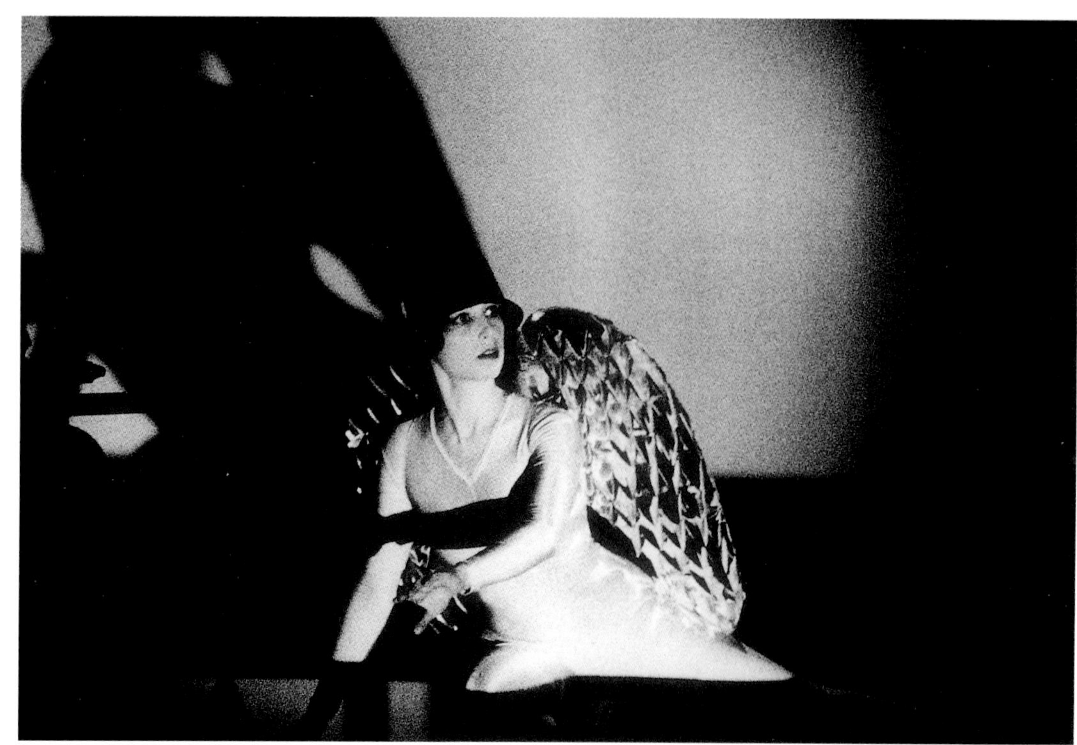

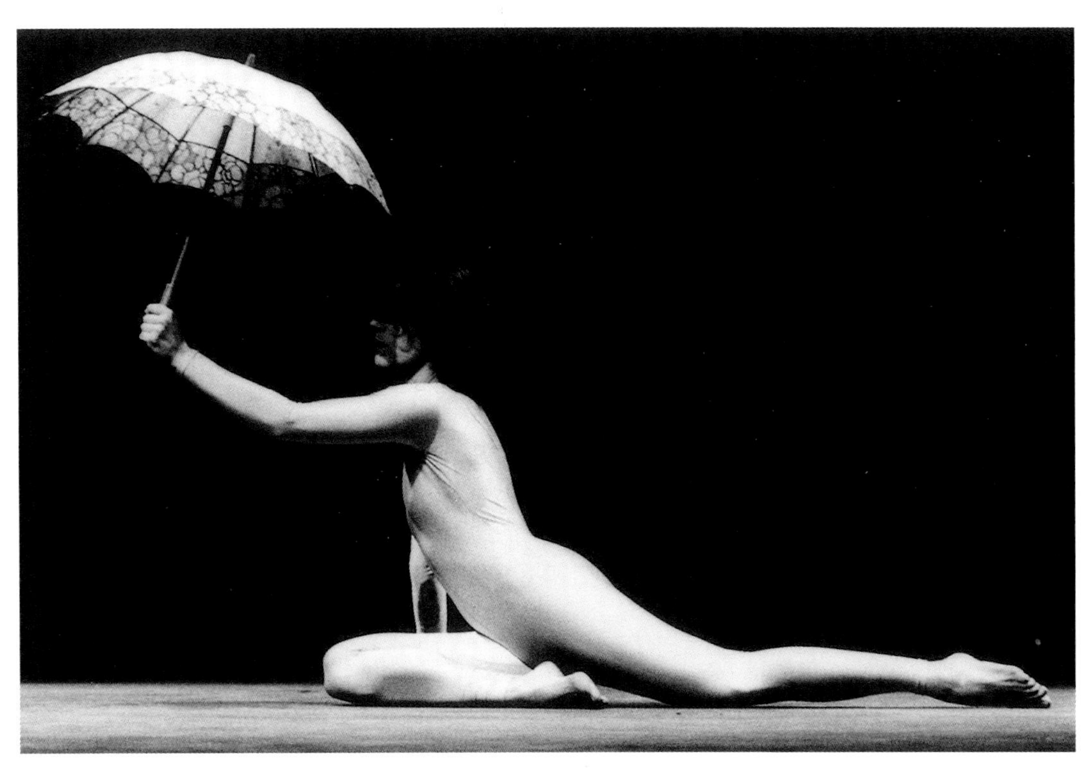

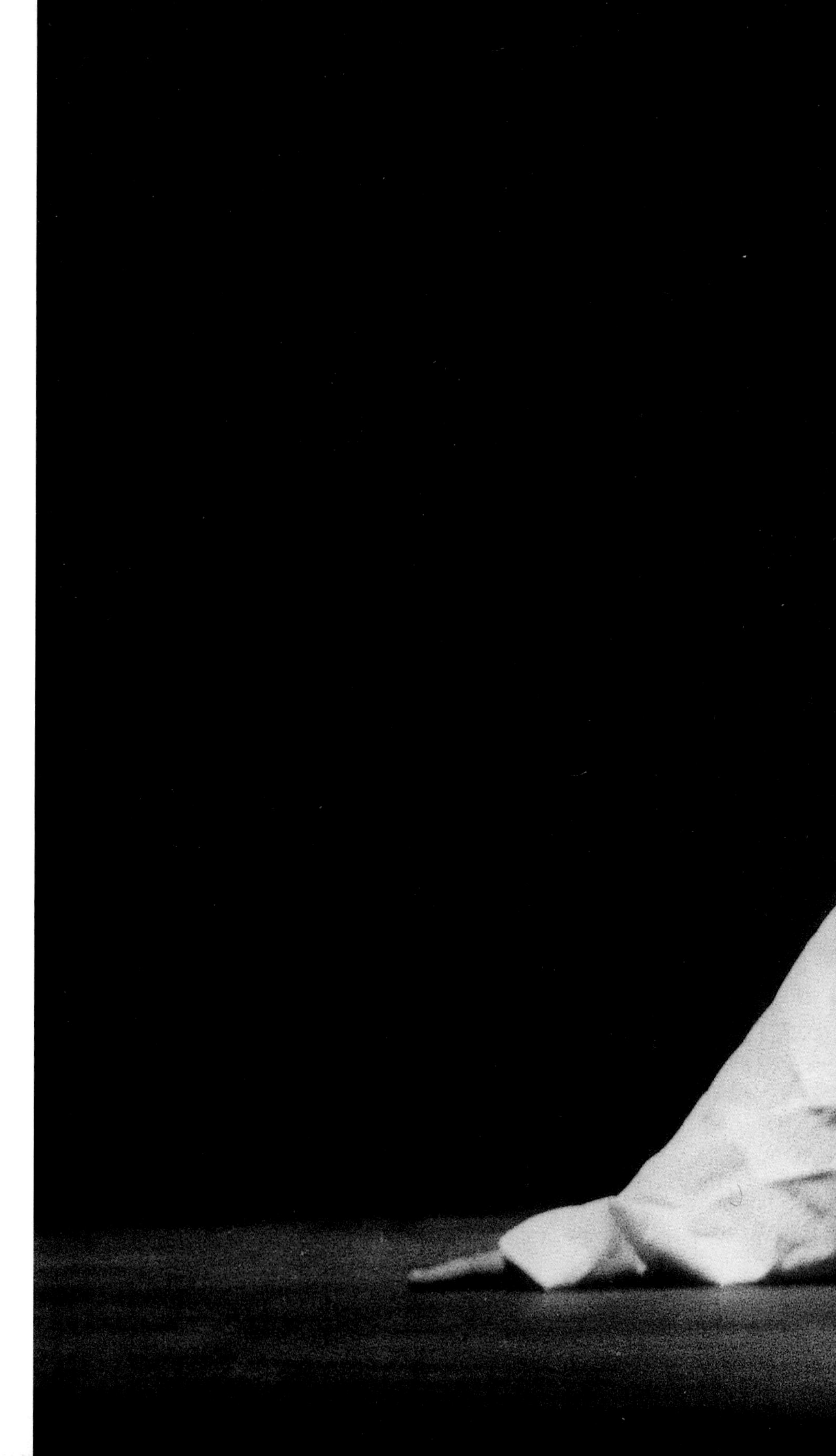

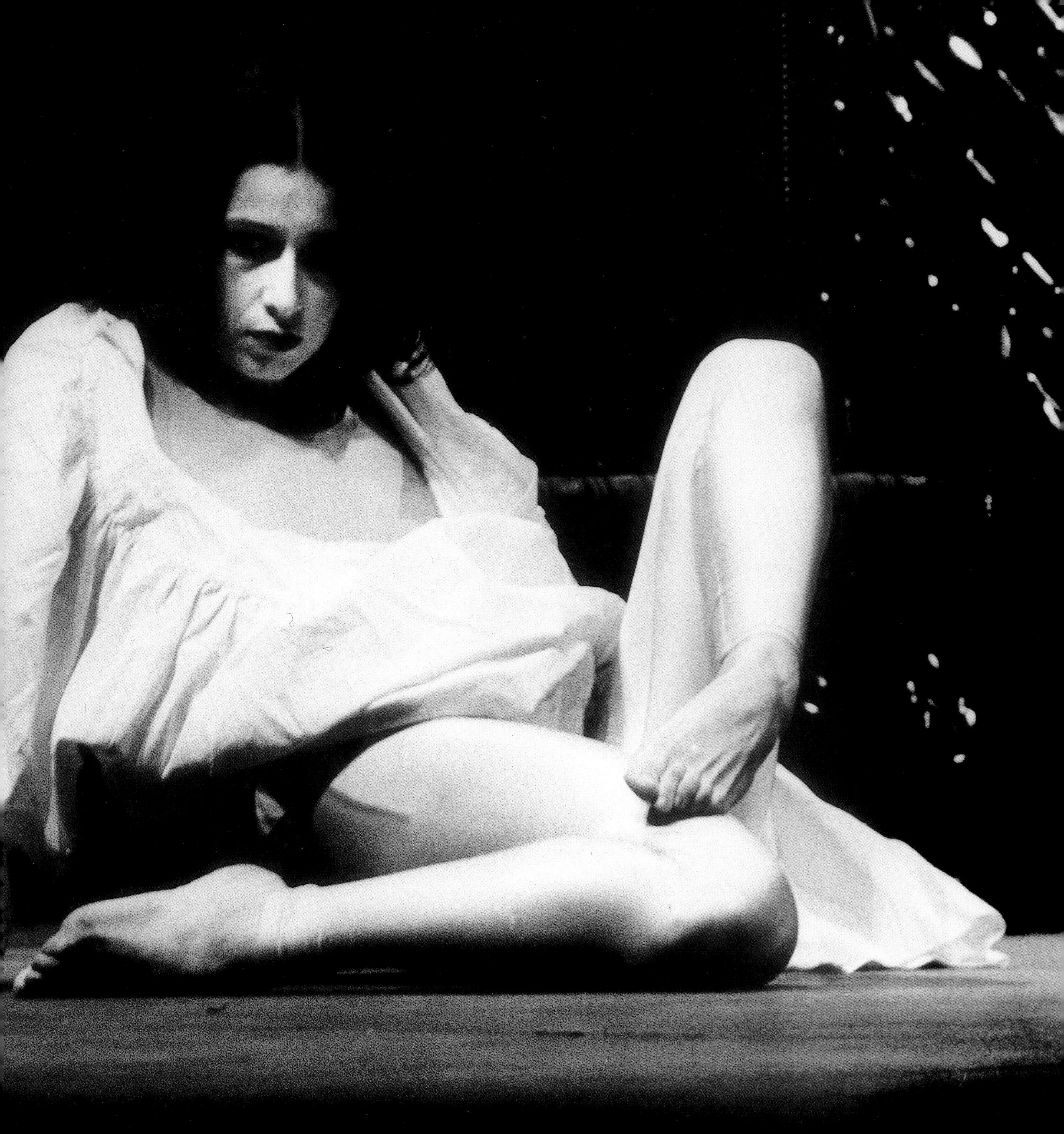

LE BALLATE DELLA SIGNORINA RICHMOND

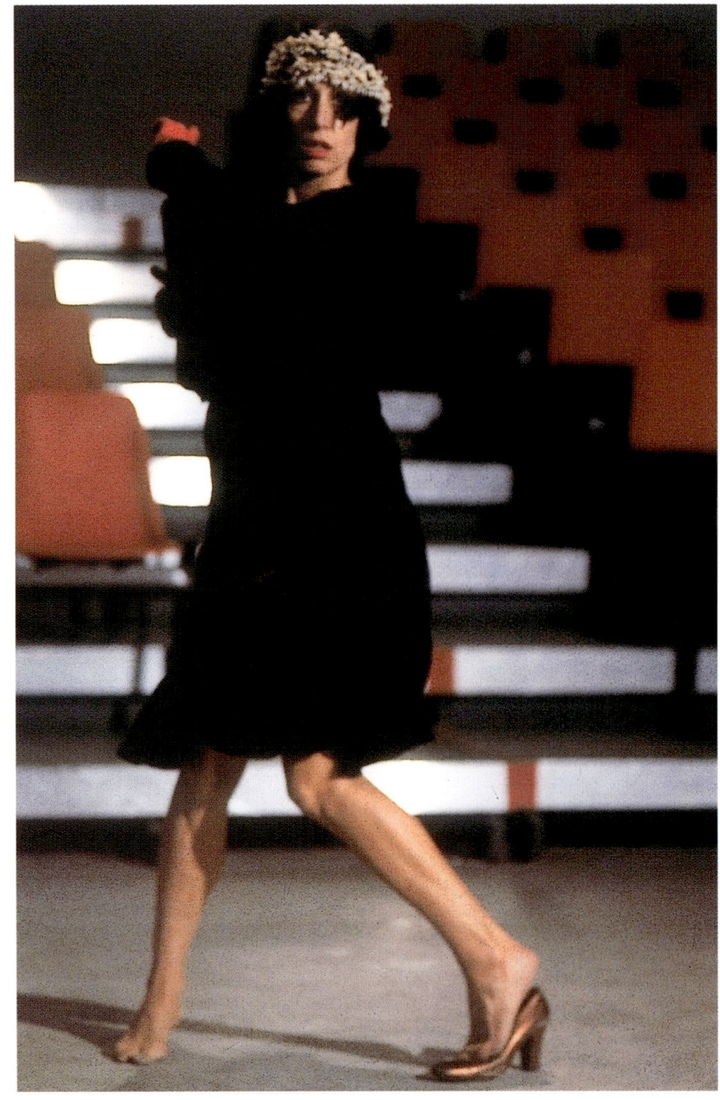

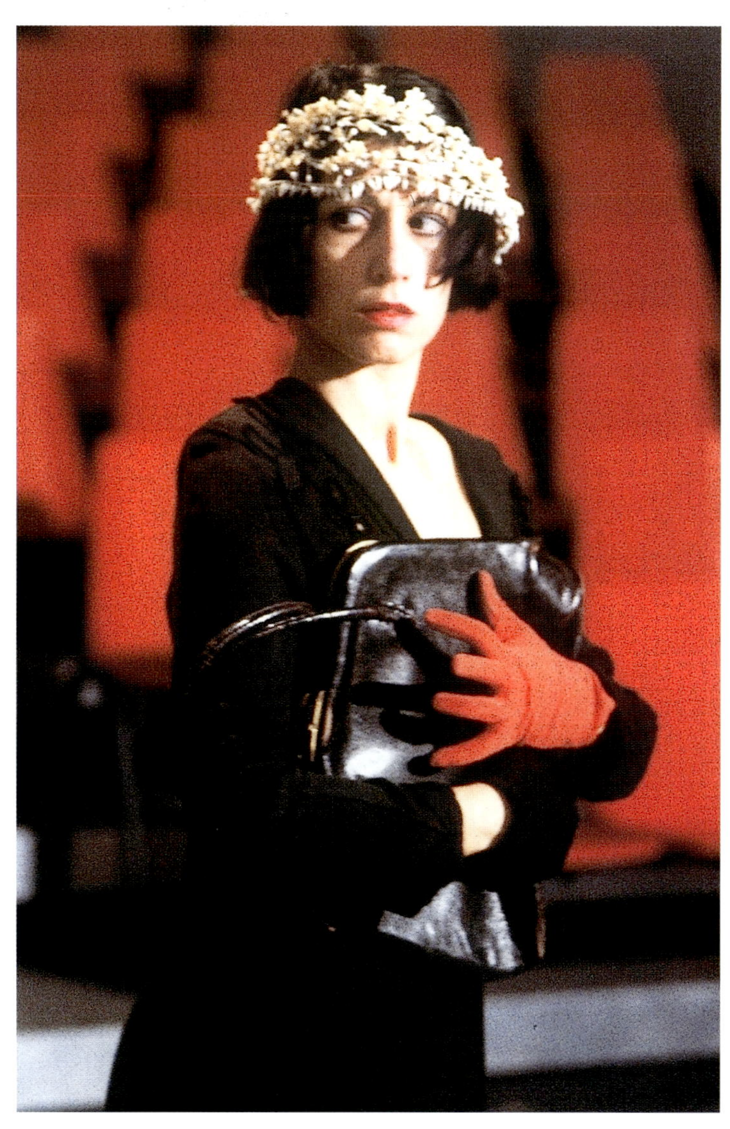

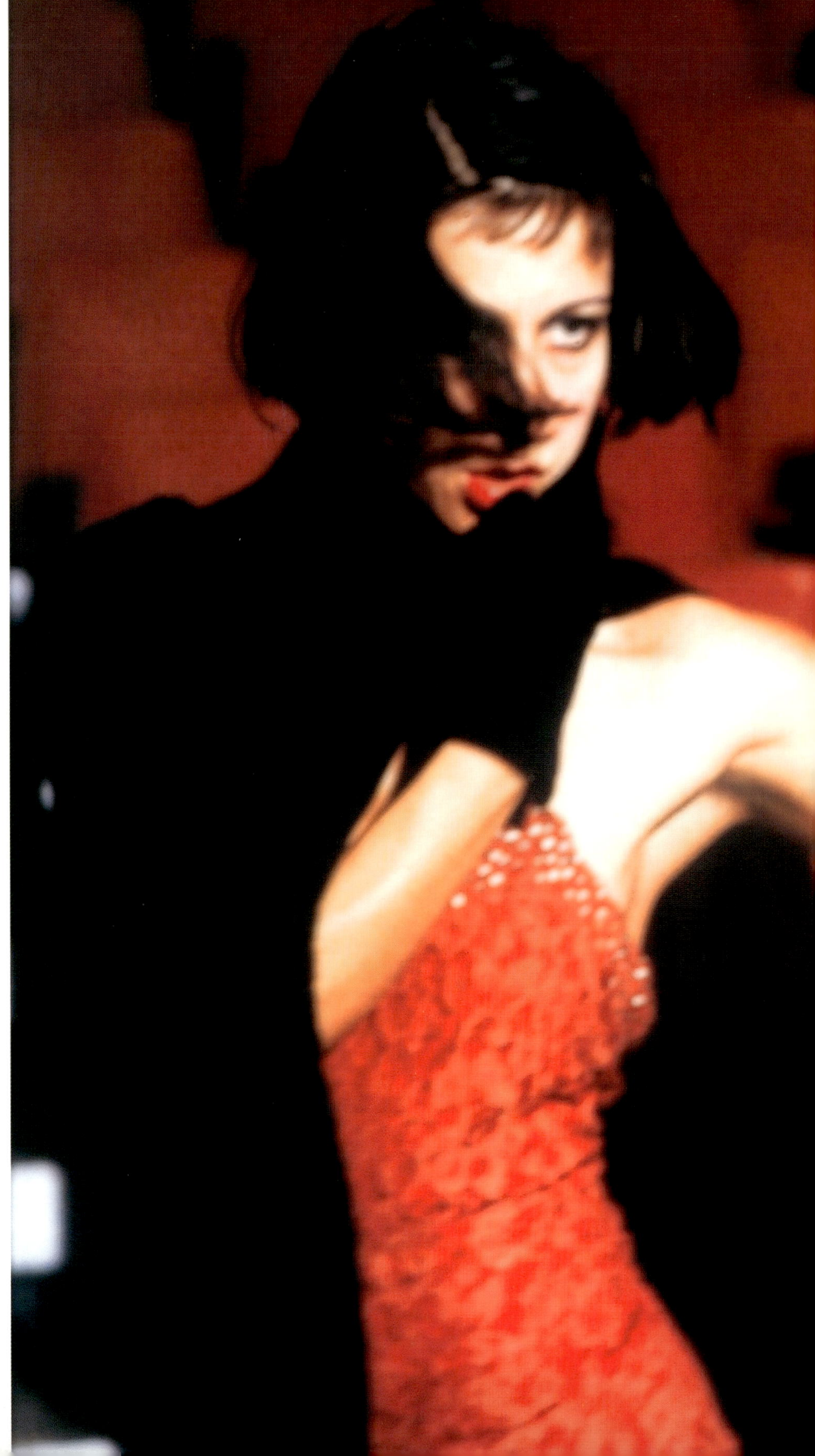

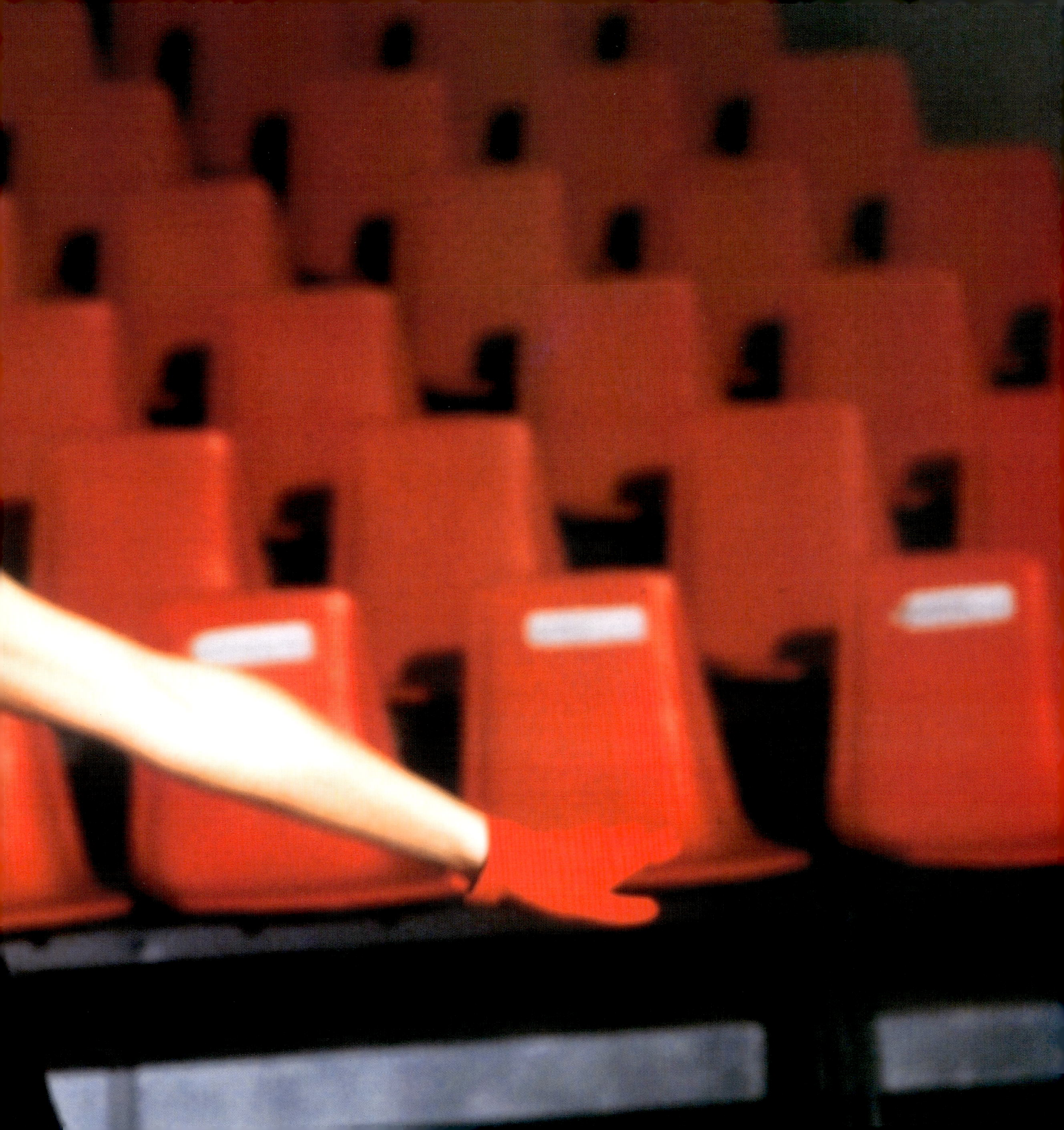

Musée Matisse
Nice 1987

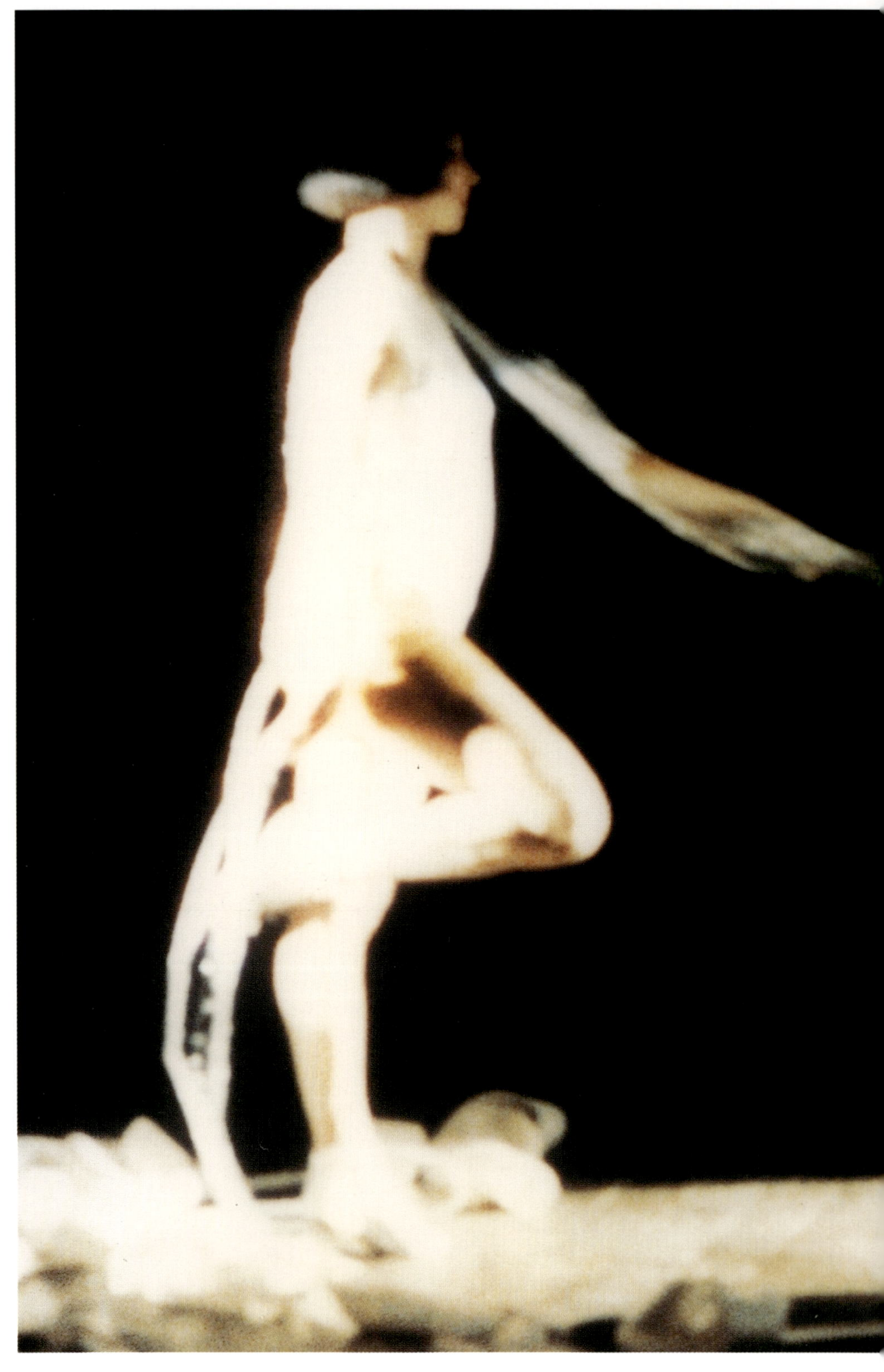

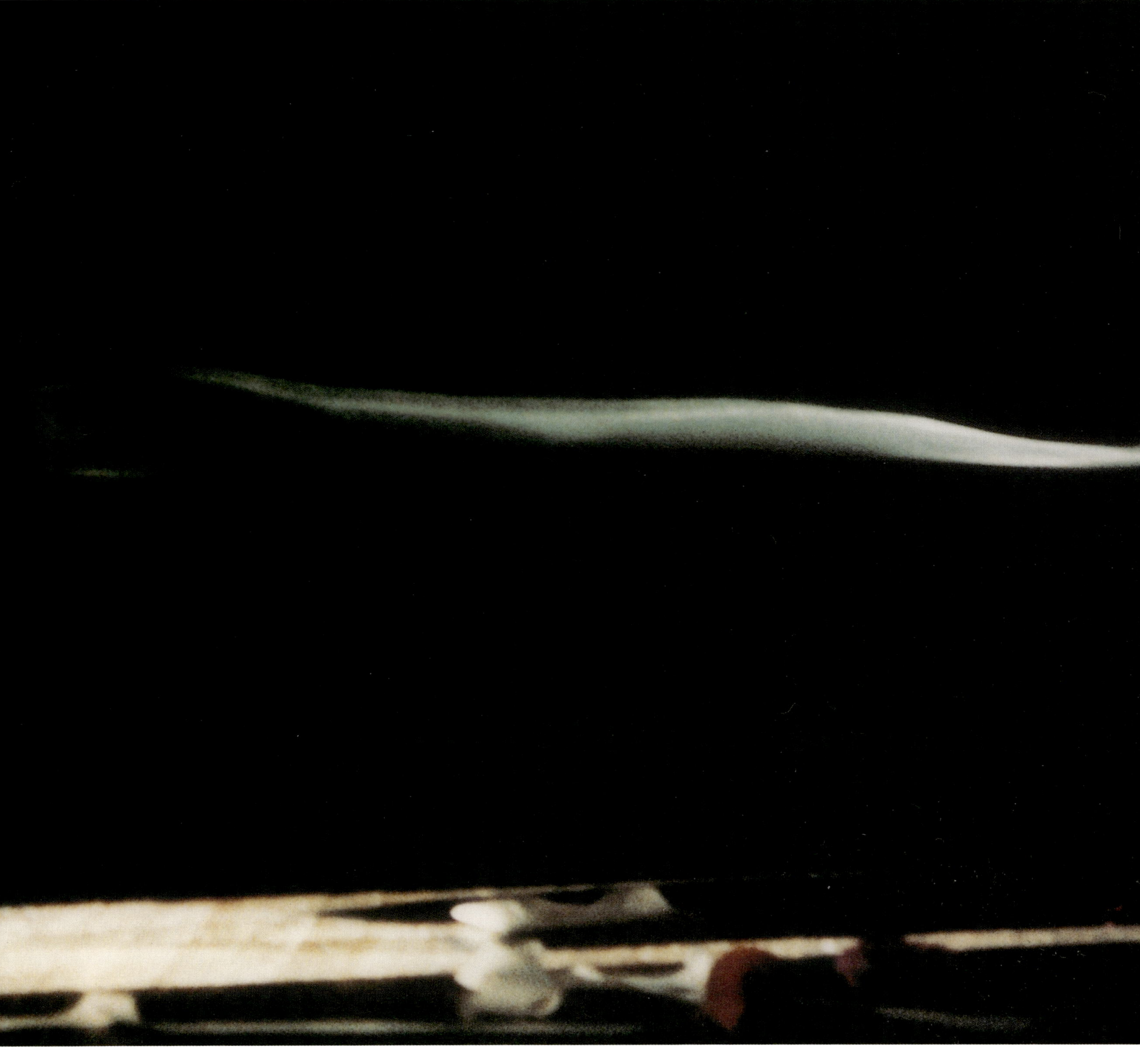

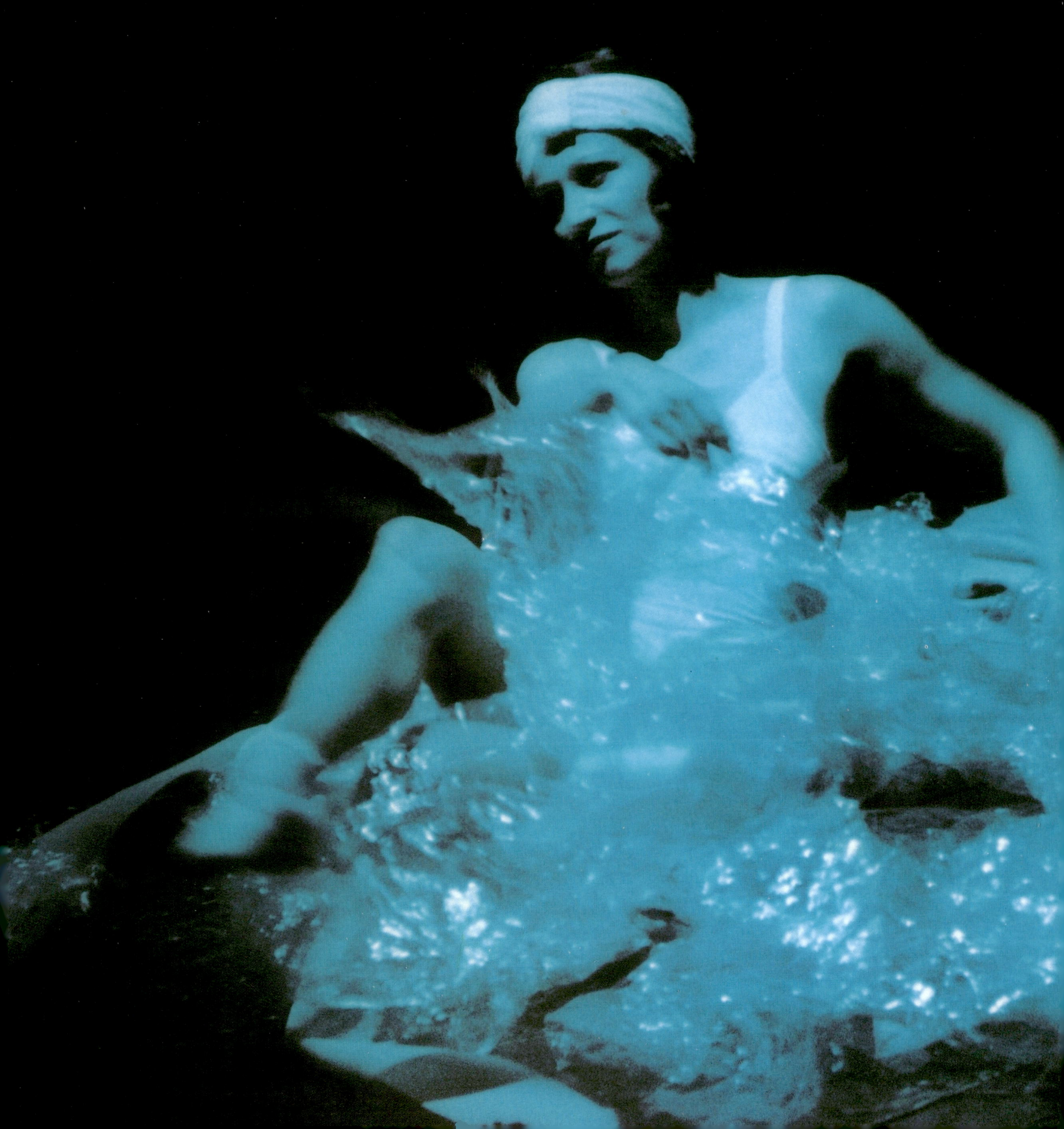

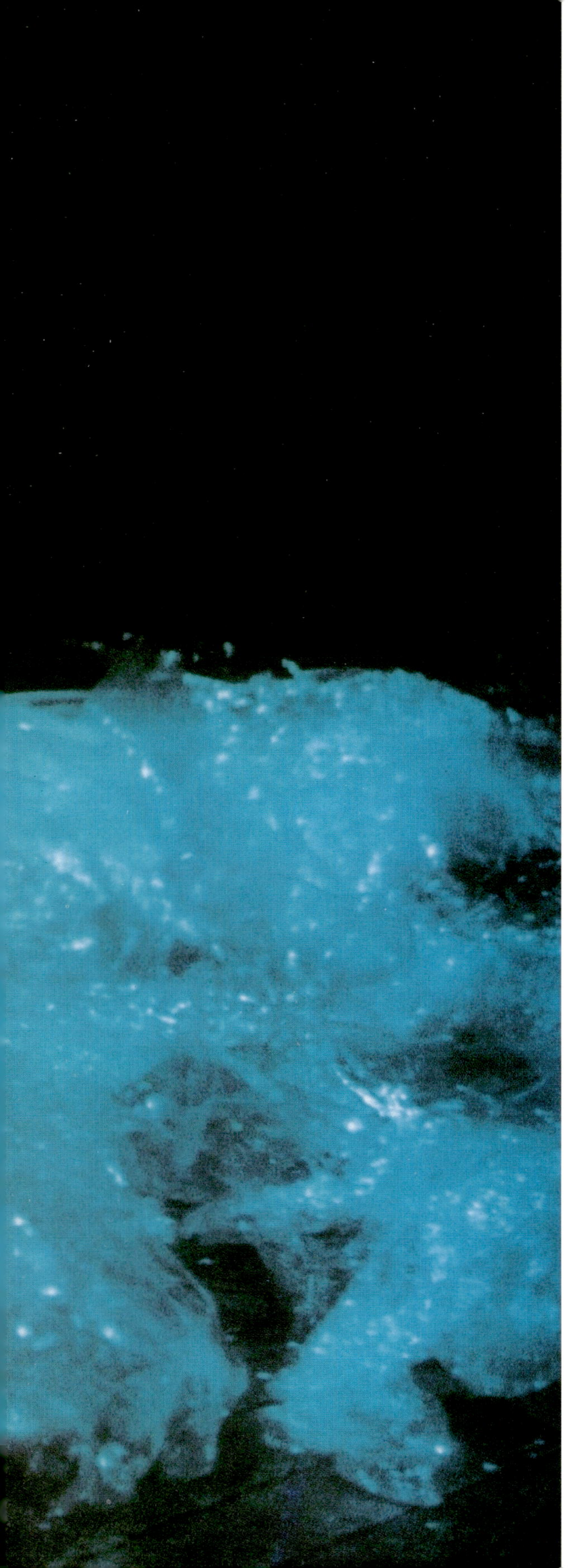

POUDRE D'OR

Auditorium
Bergamo 1983

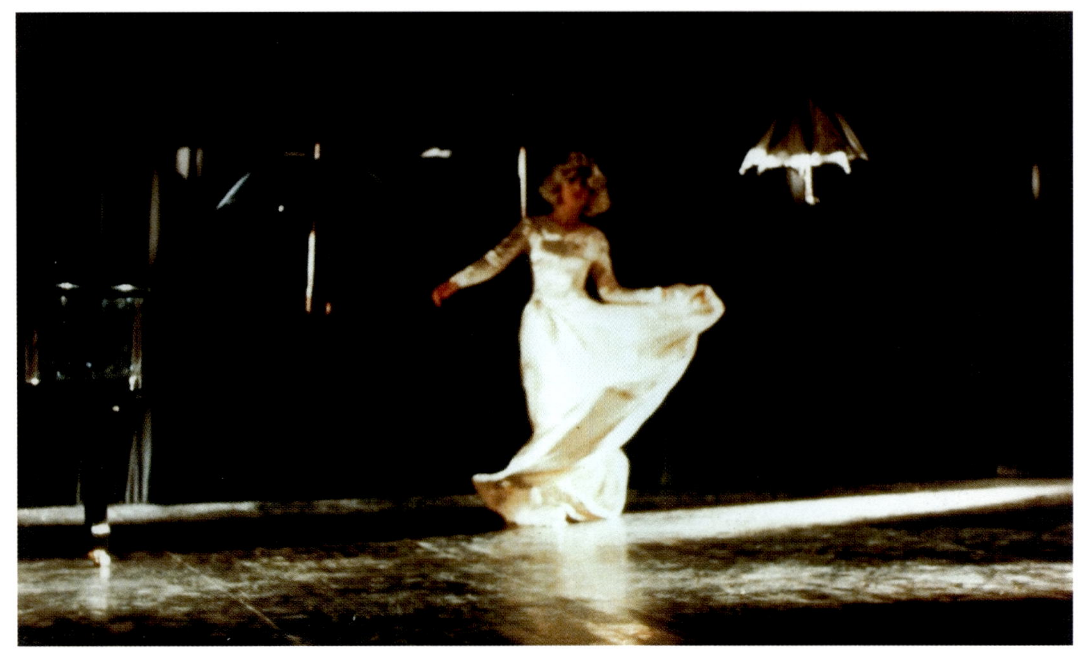

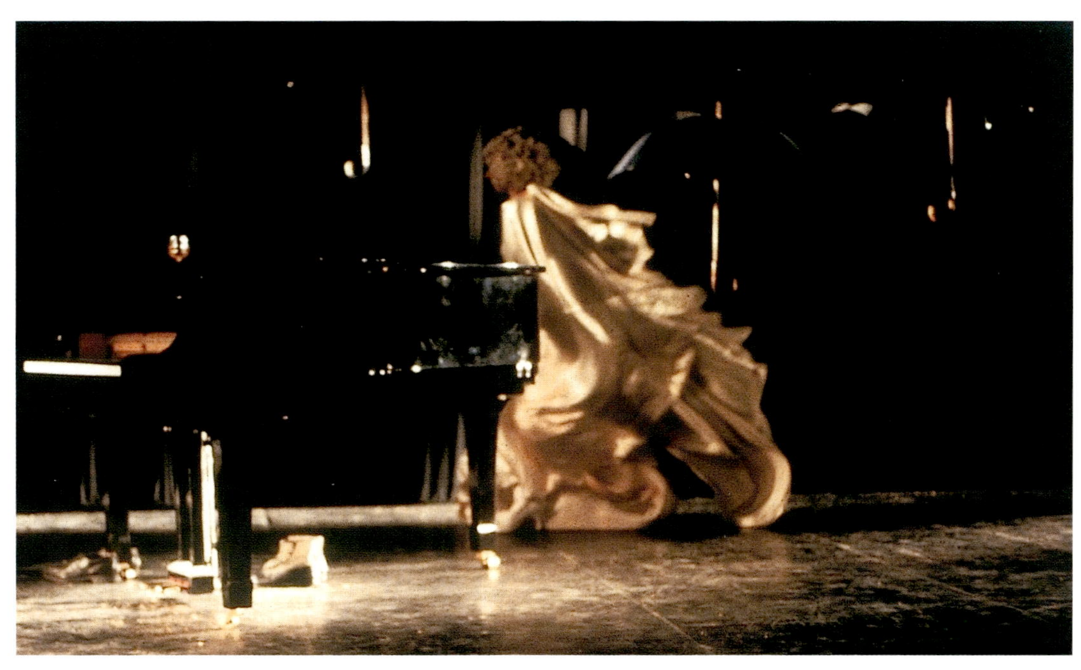

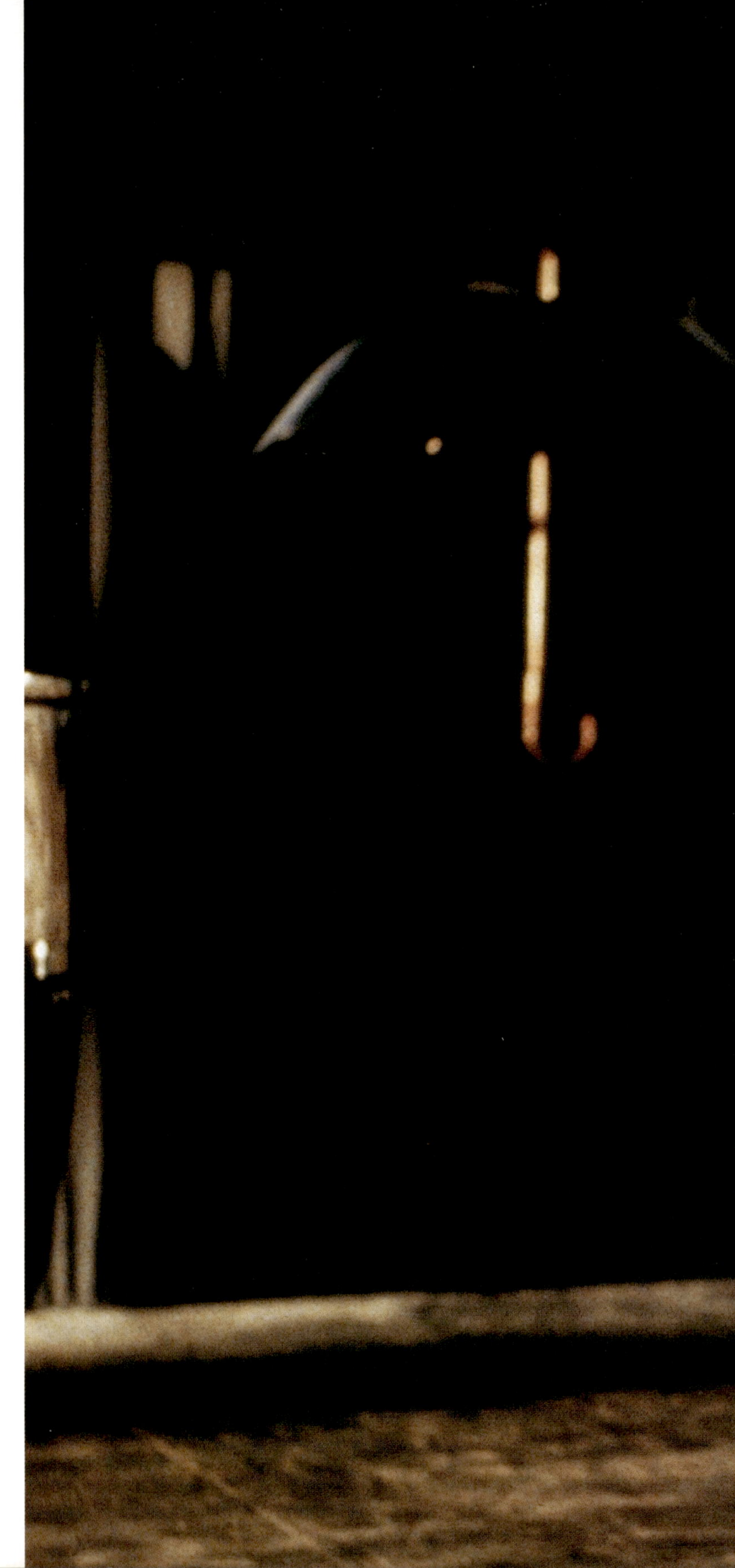

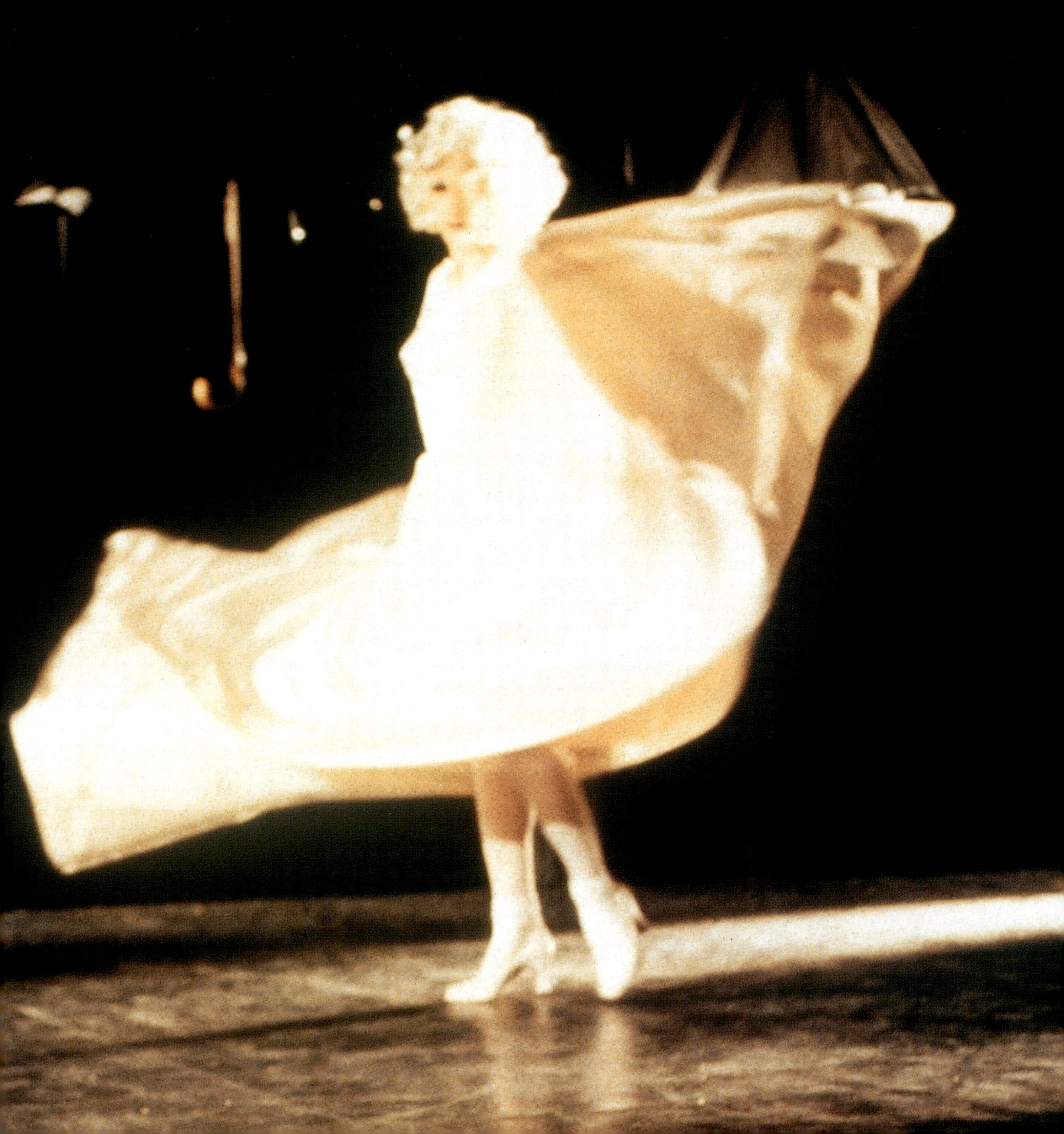

Studi RAI
Milano 1984

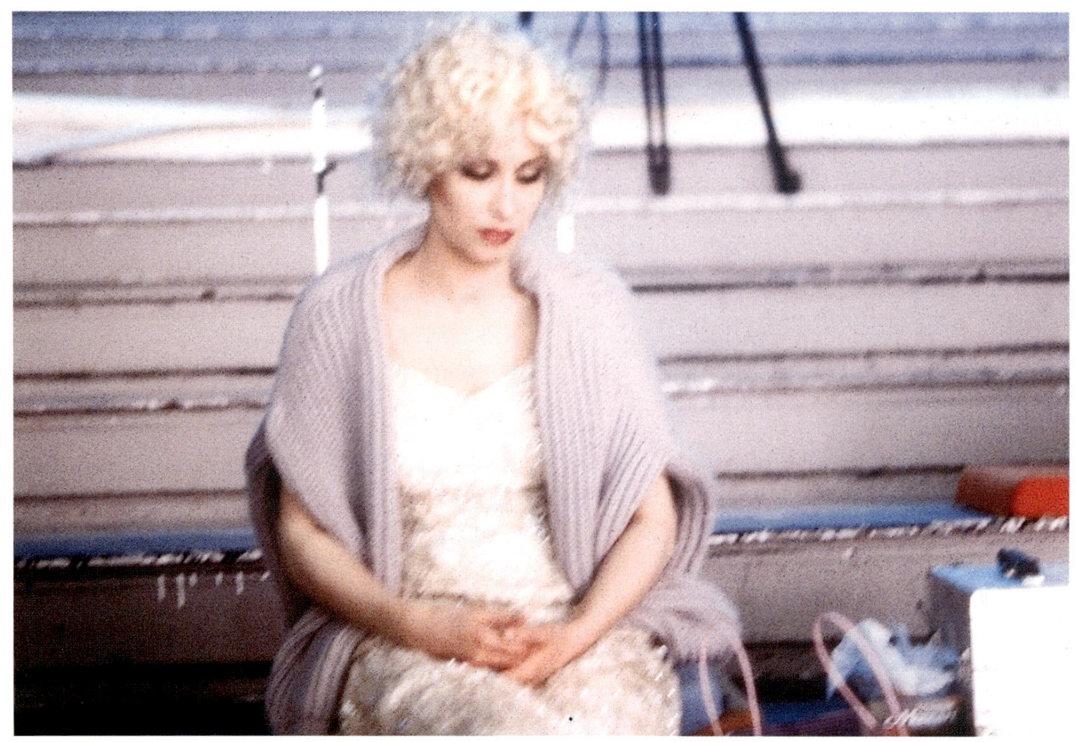

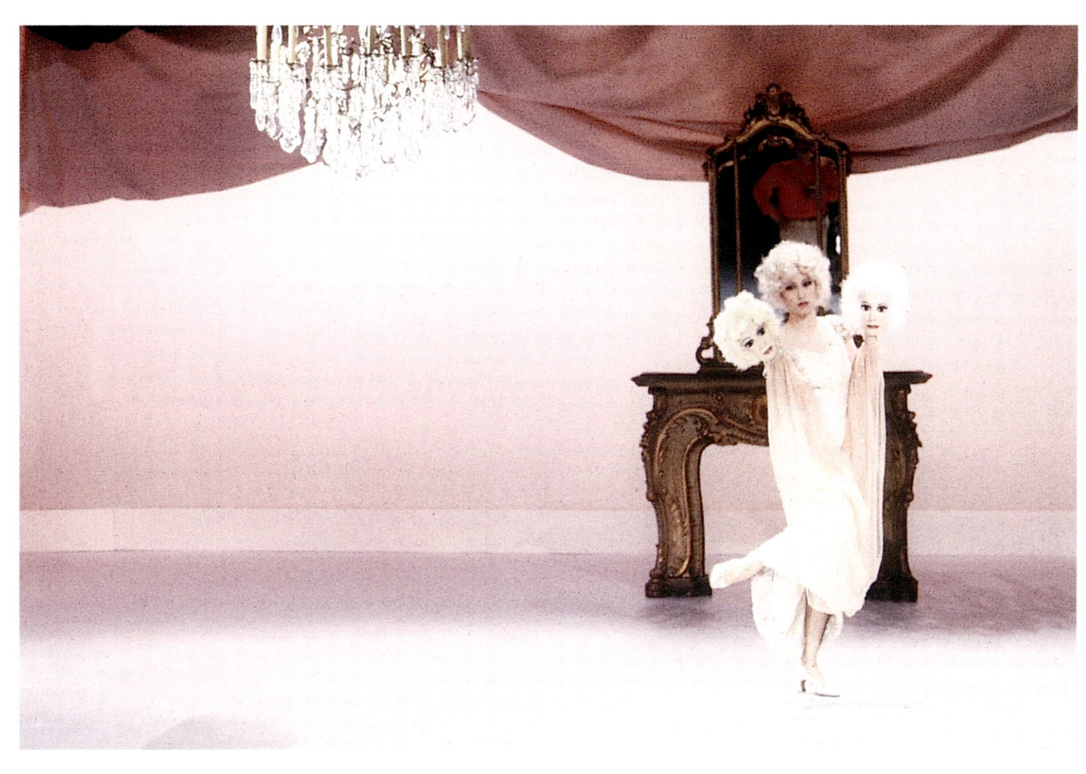

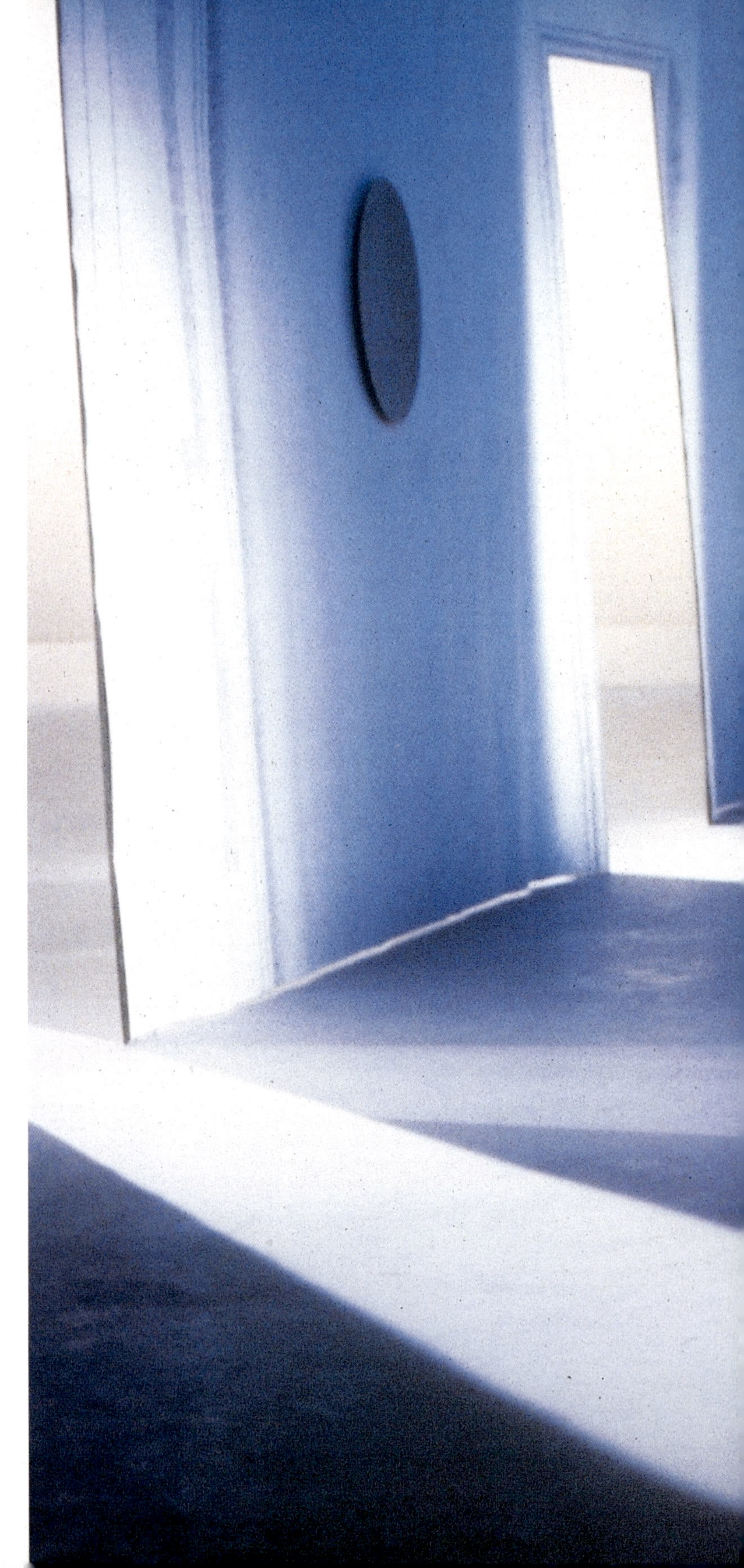

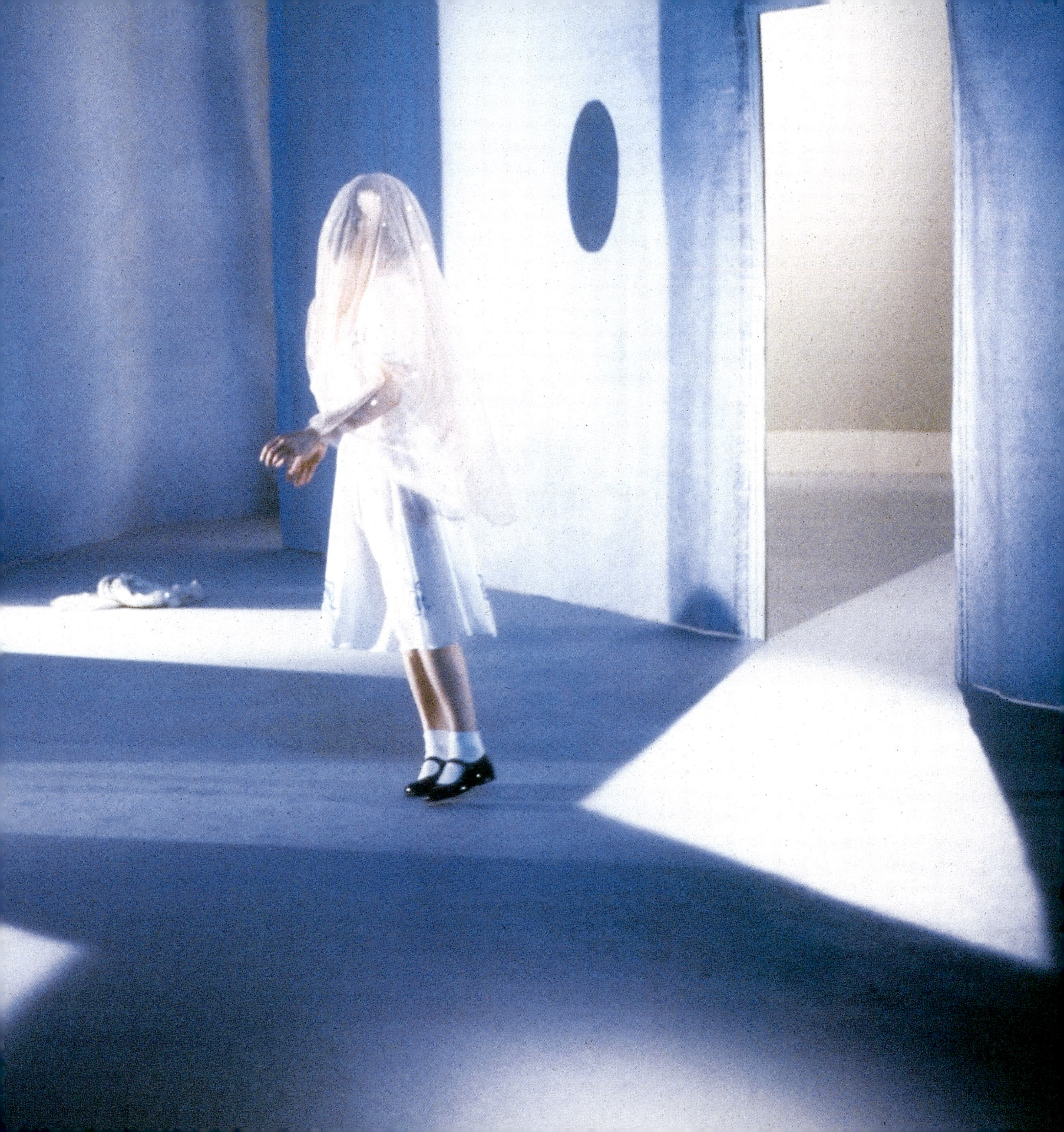

LE BAIN DE DIANE

Théâtre du Rond-Point
Paris 1986
con/with Pietro Pizzuti

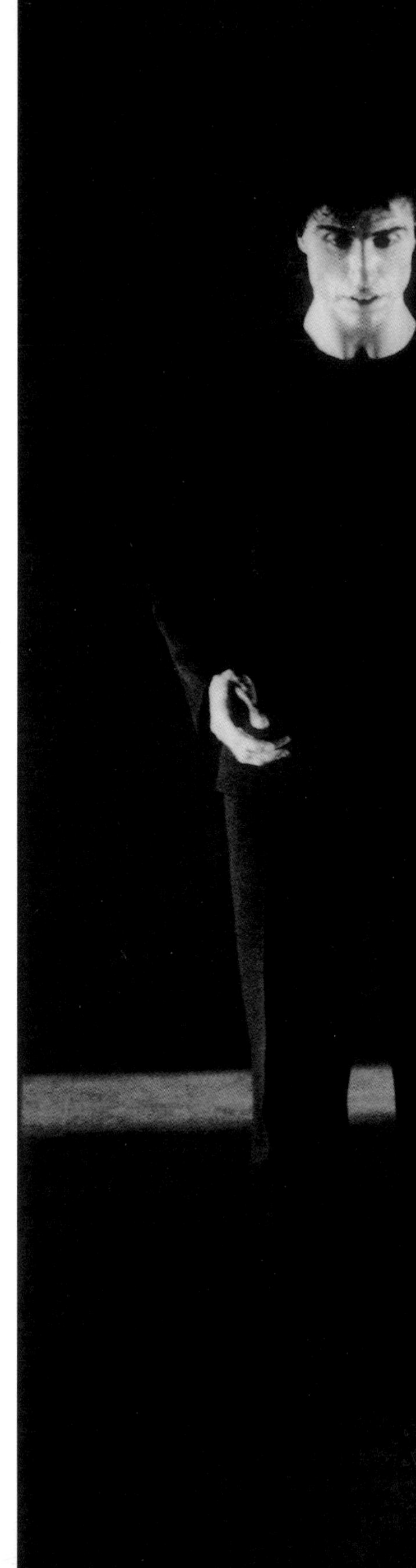

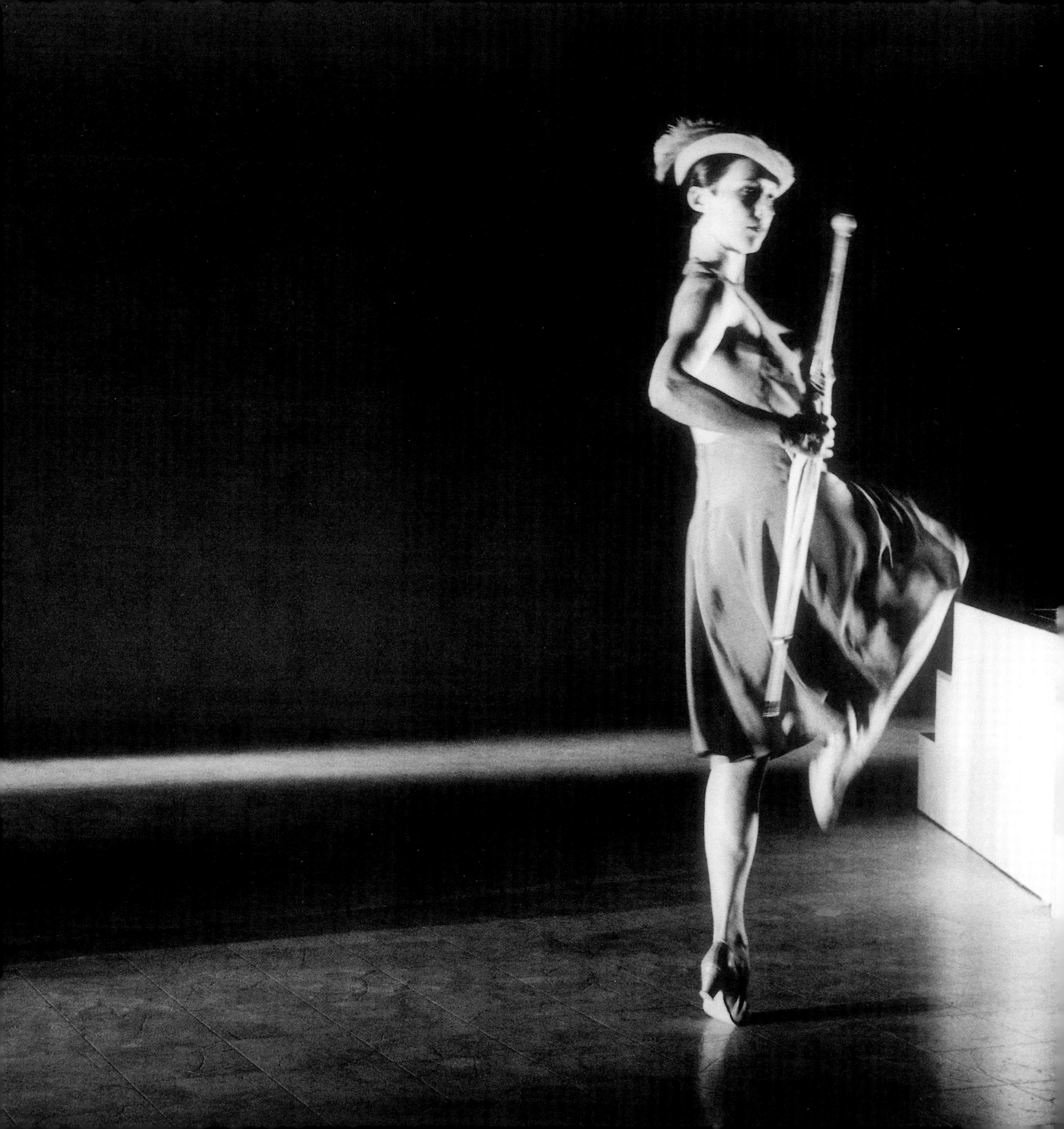

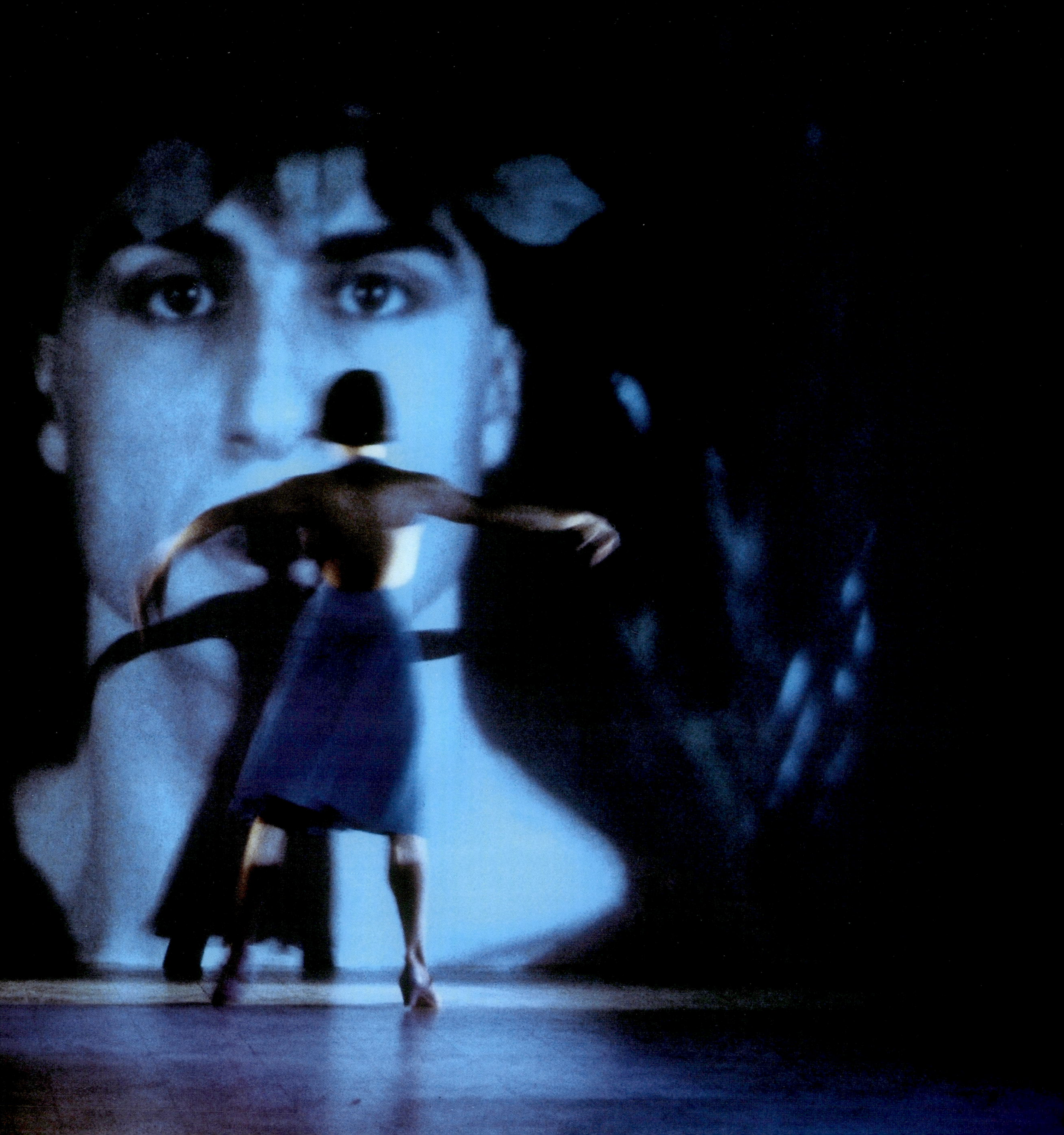

DOUBLE FACE

Teatro Comunale Niccolini
Firenze 1986
con/with Bustric

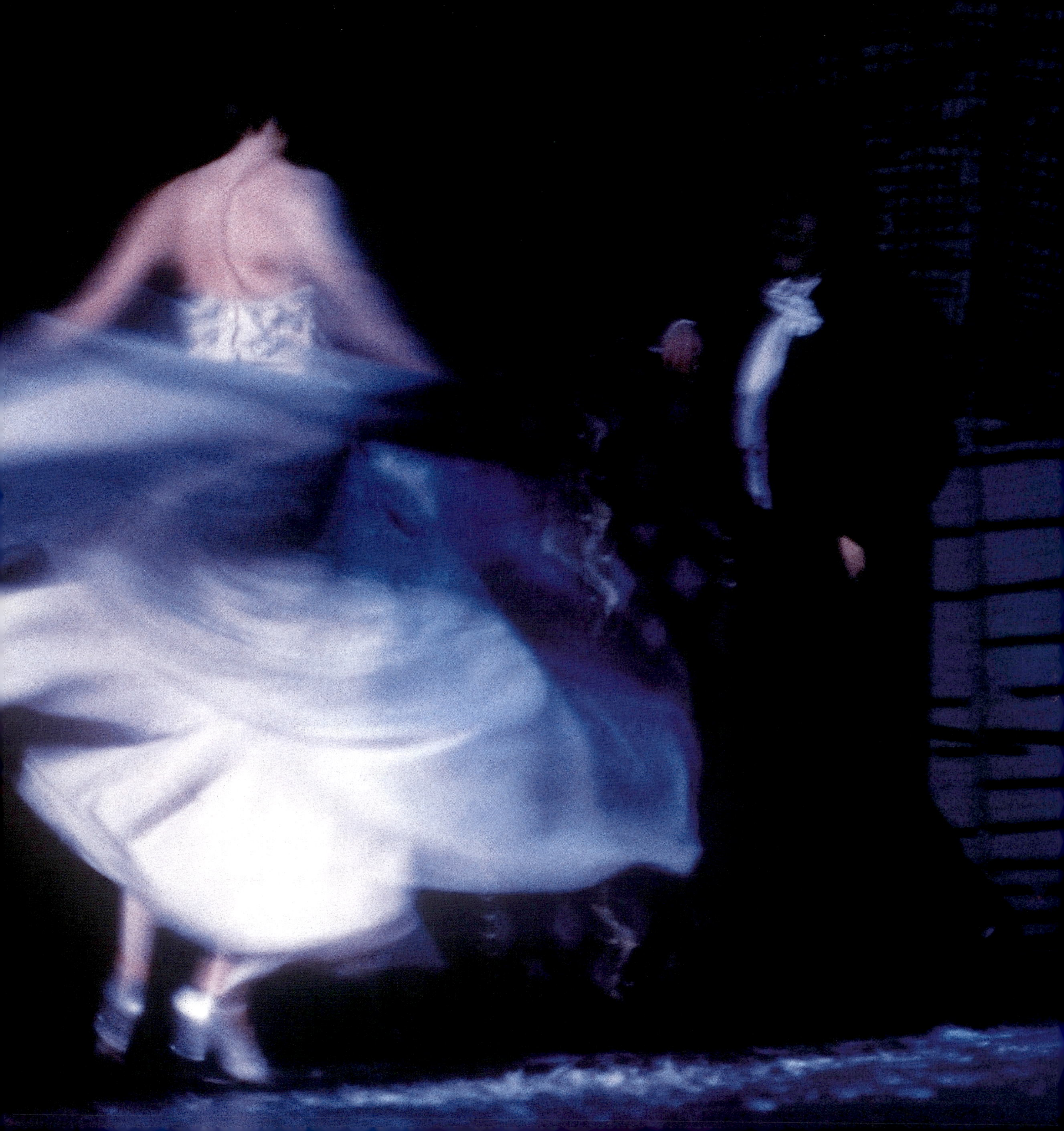

Università Alma Mater Studiorum
Bologna 1990

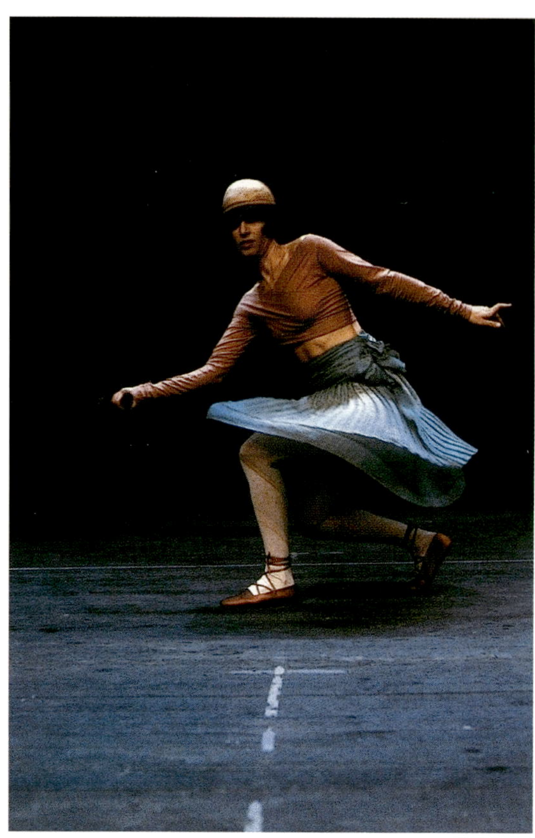 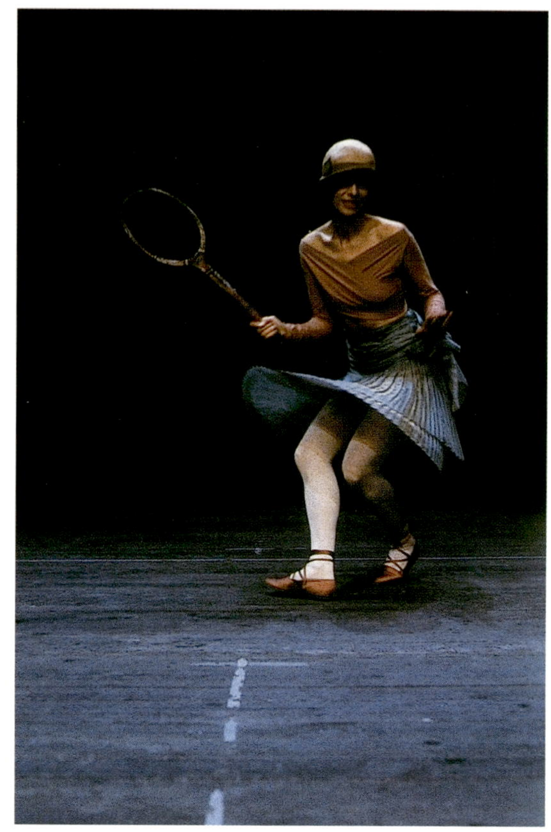

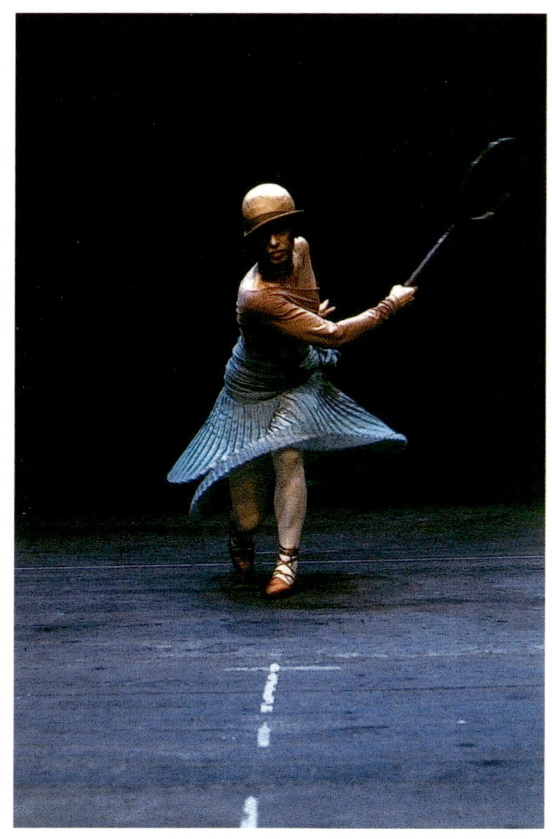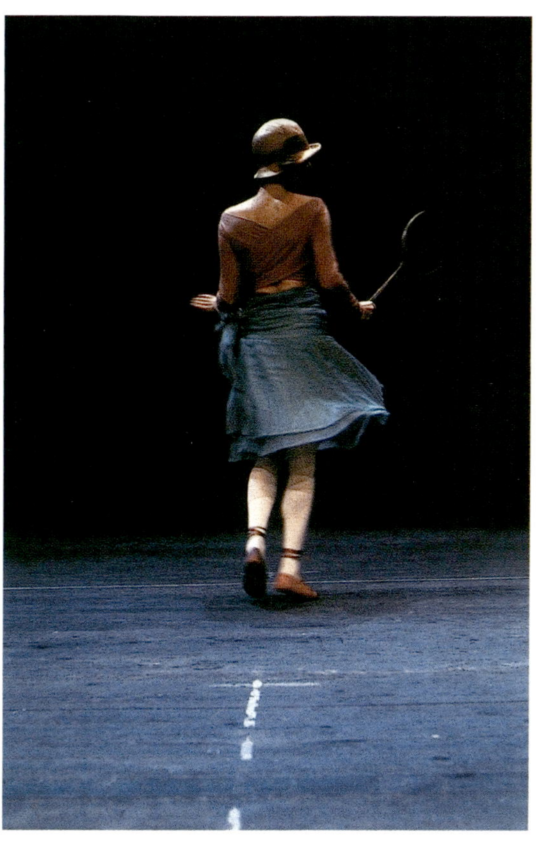

Piccolo Teatro – Teatro Paolo Grassi
Milano 1998

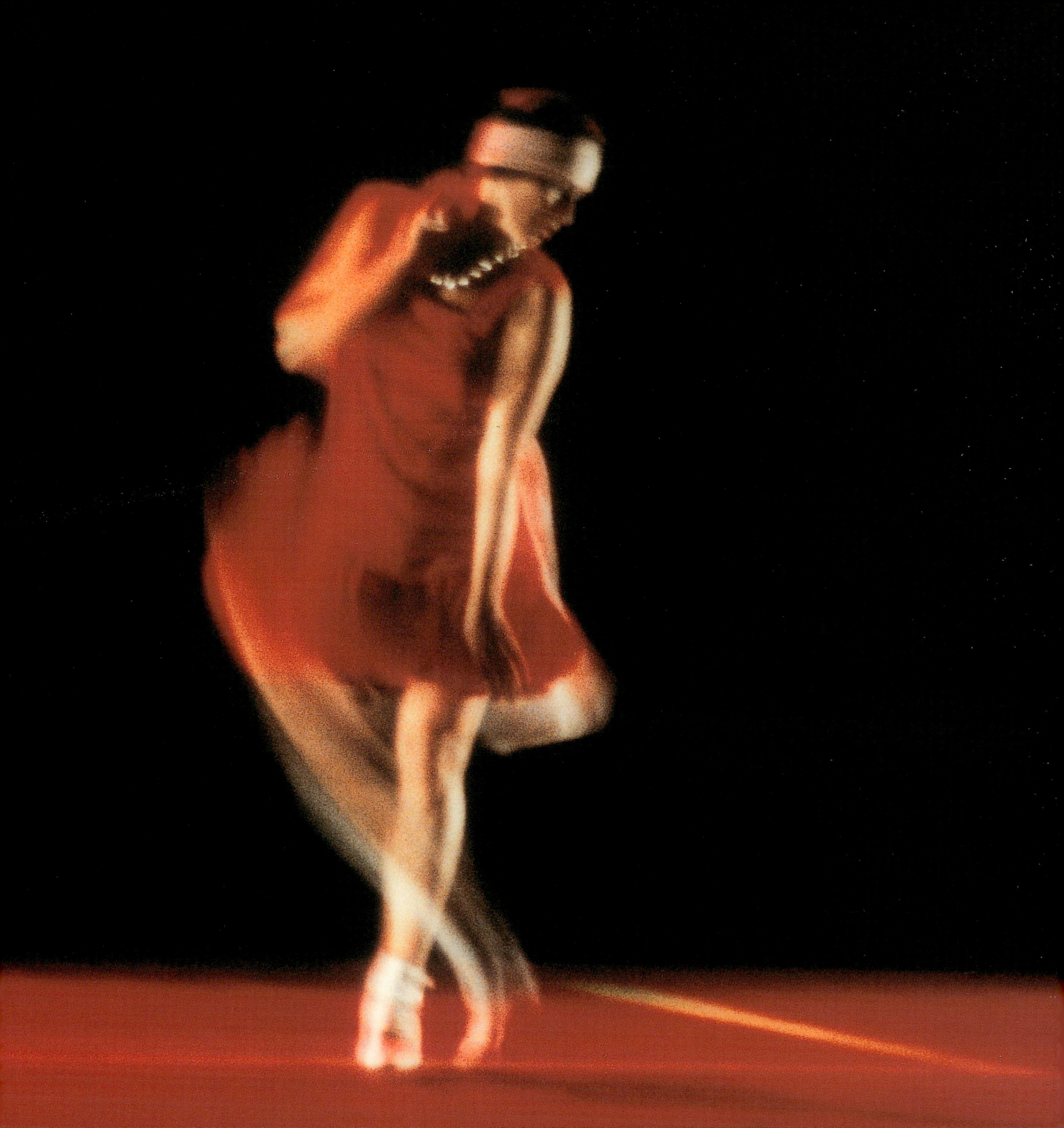

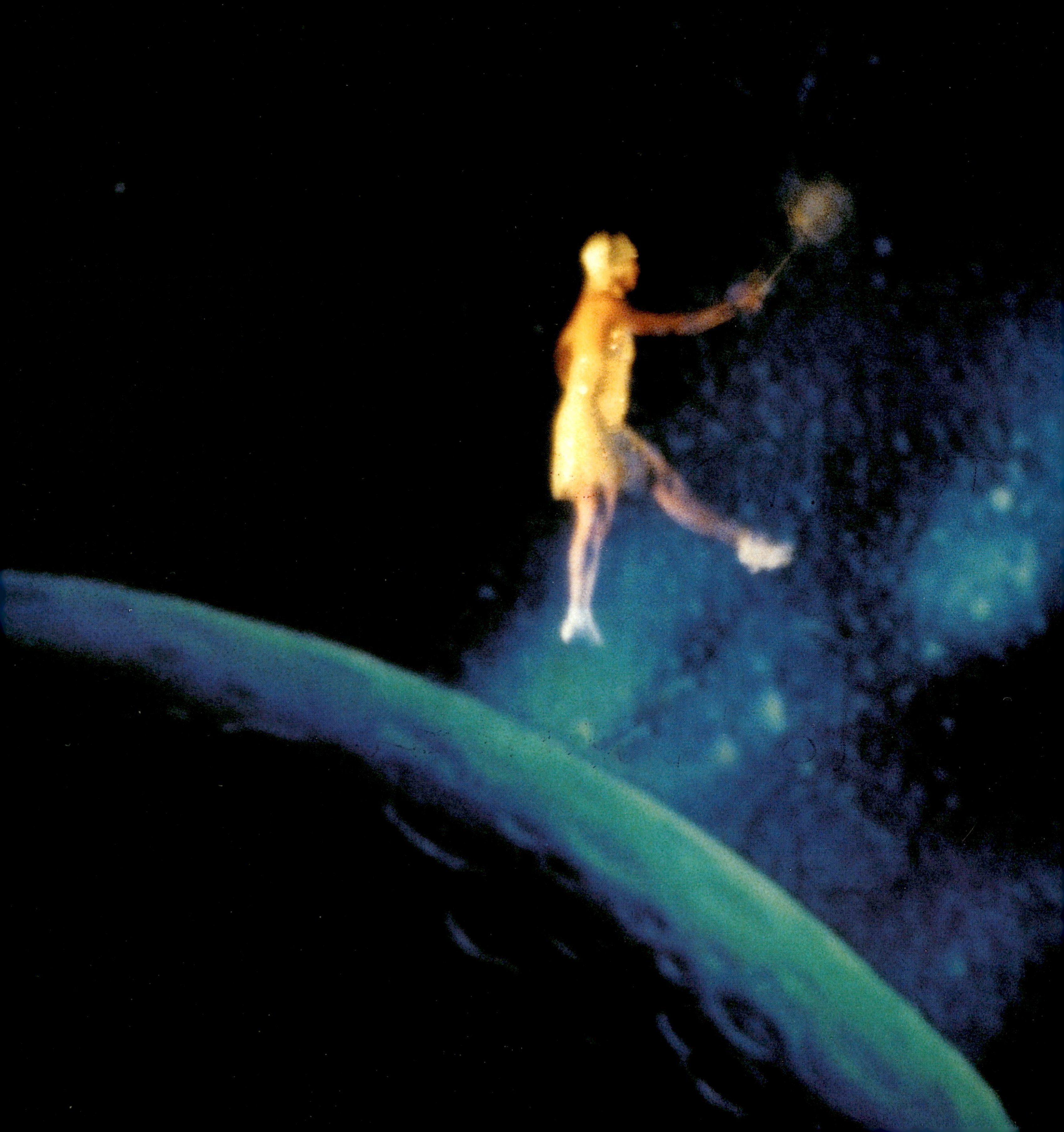

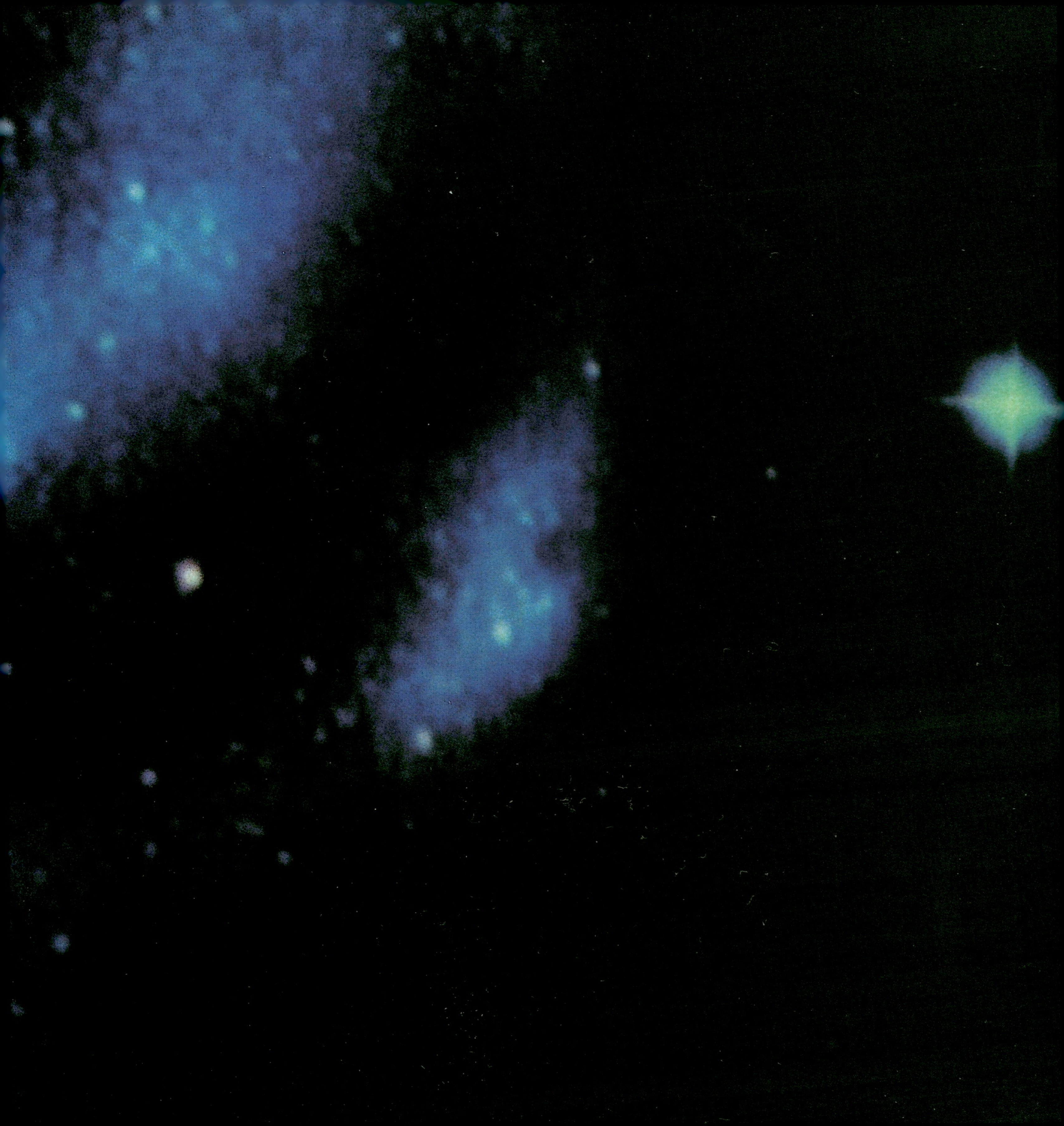

Teatro delle Moline
Bologna 2001

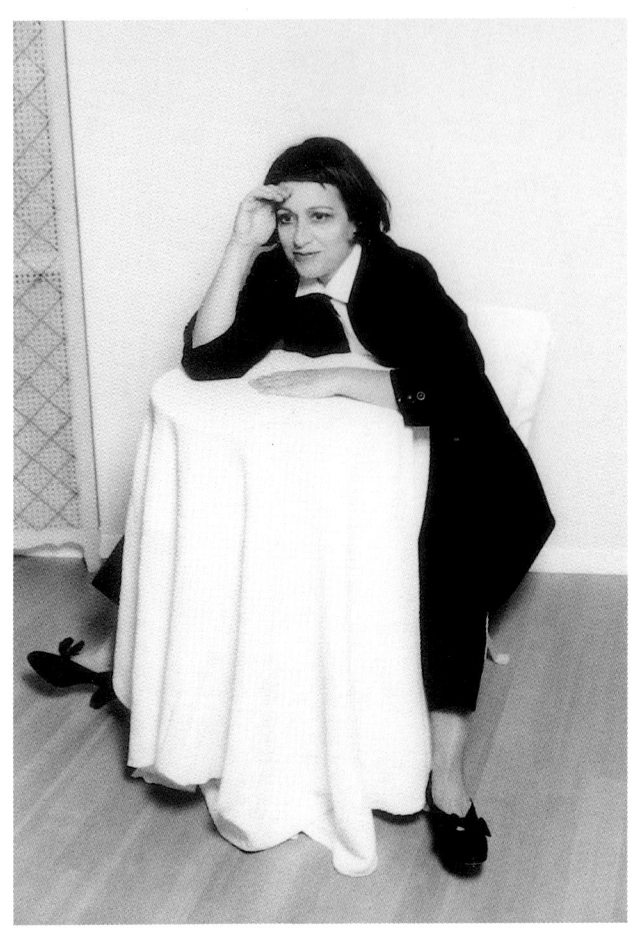

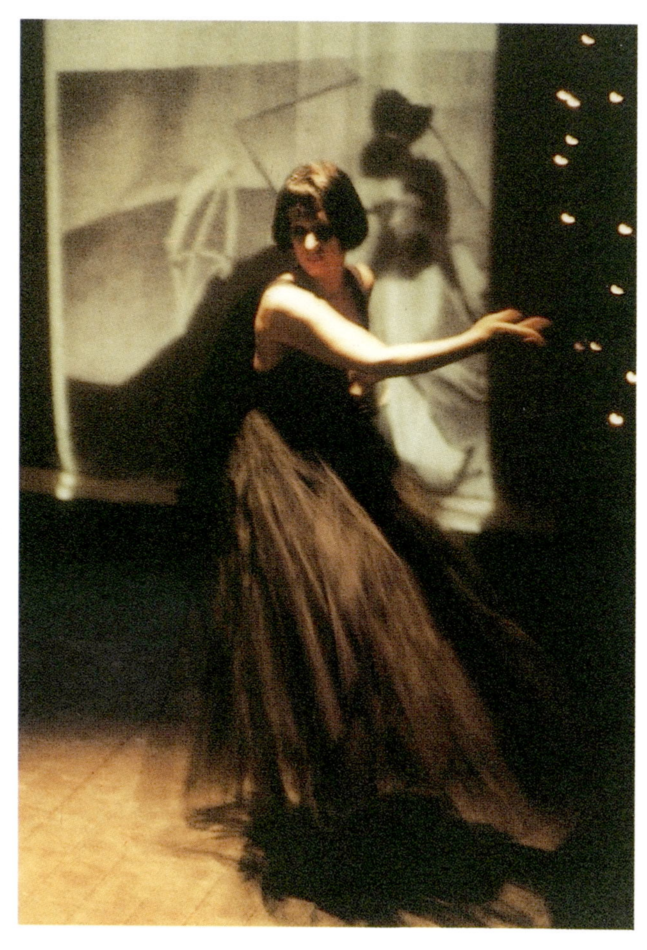

PERFORMANCES

Spazio Ansaldo
Milano 1989
con/with Jean-Jacques Lebel

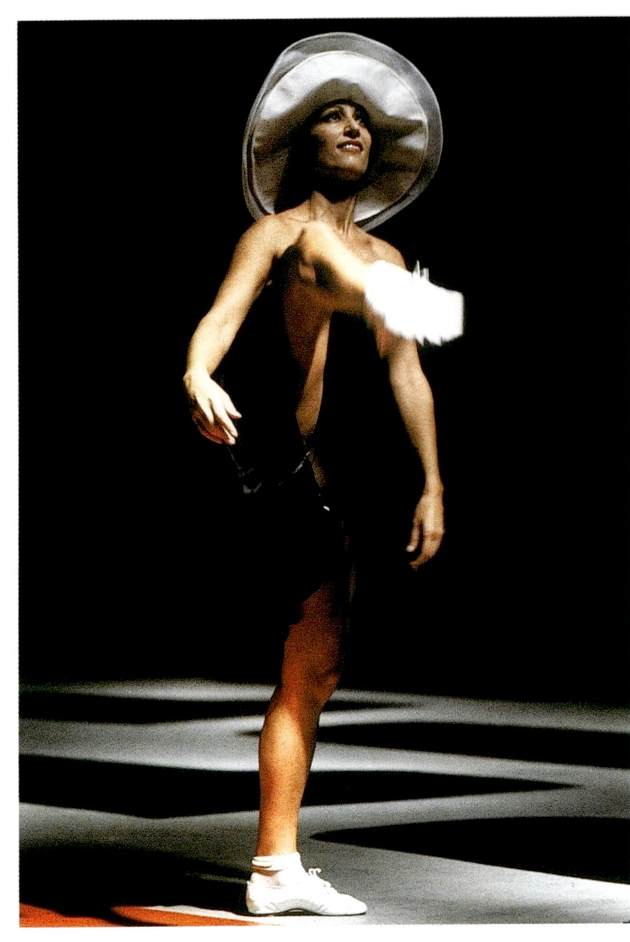

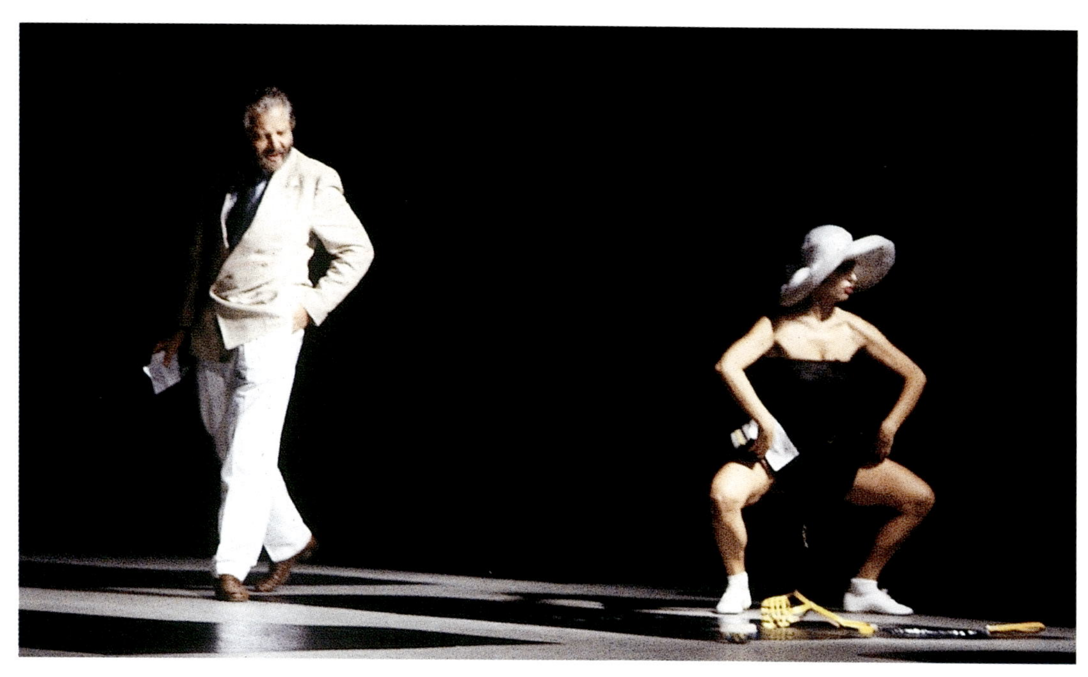

Santa Scolastica
Bari 1990

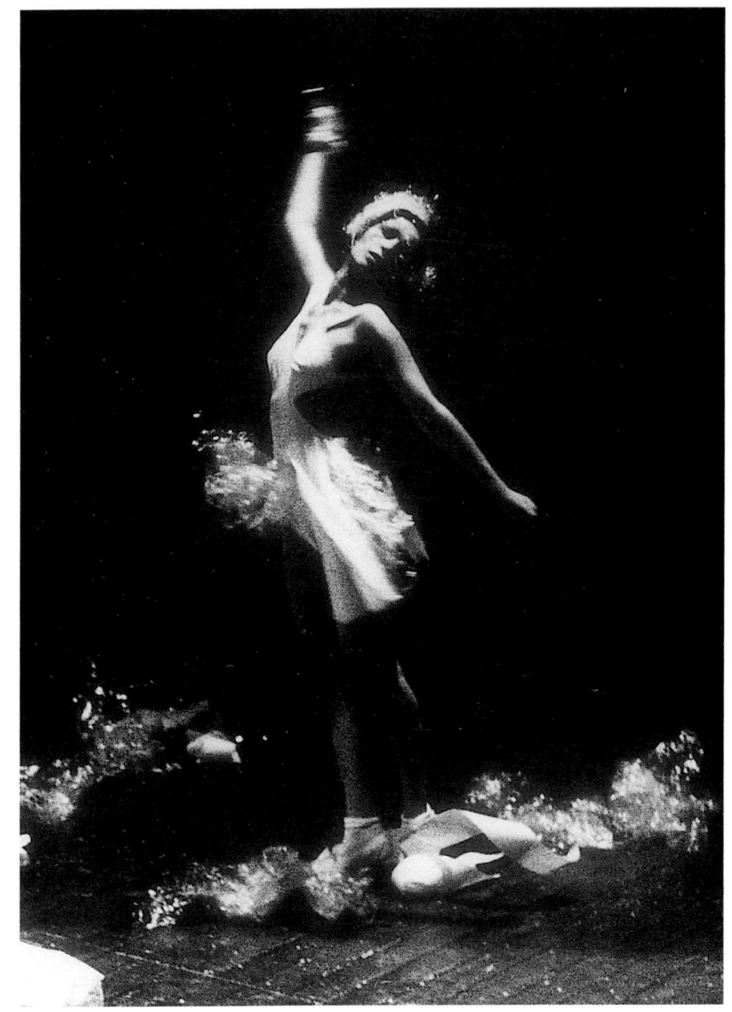

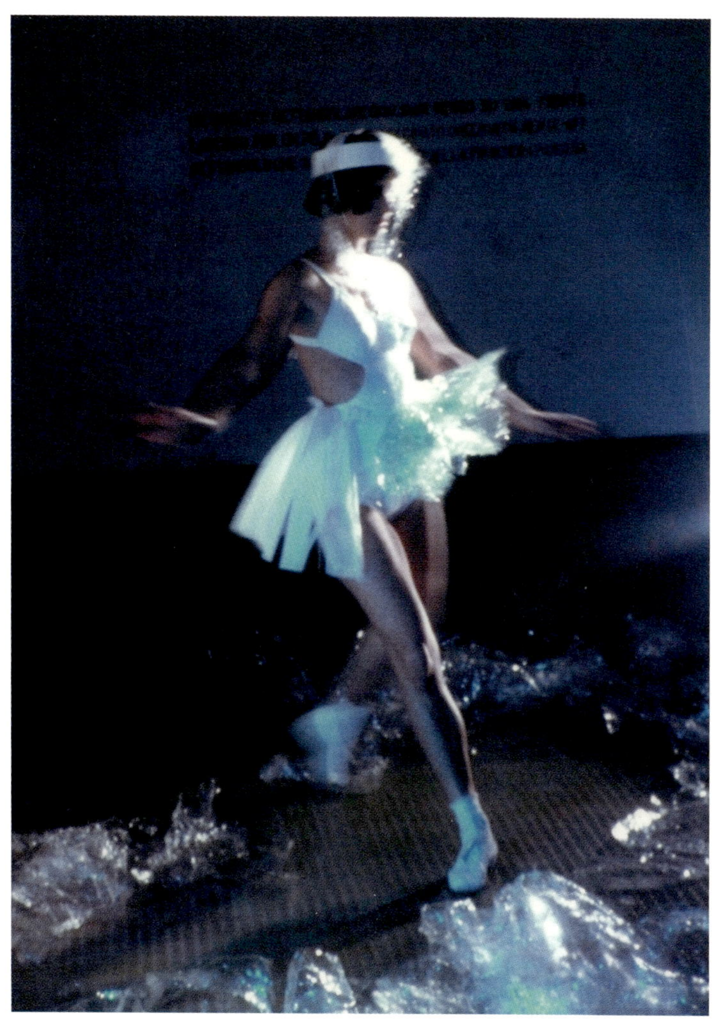

Institut Culturel Italien
Paris 1996

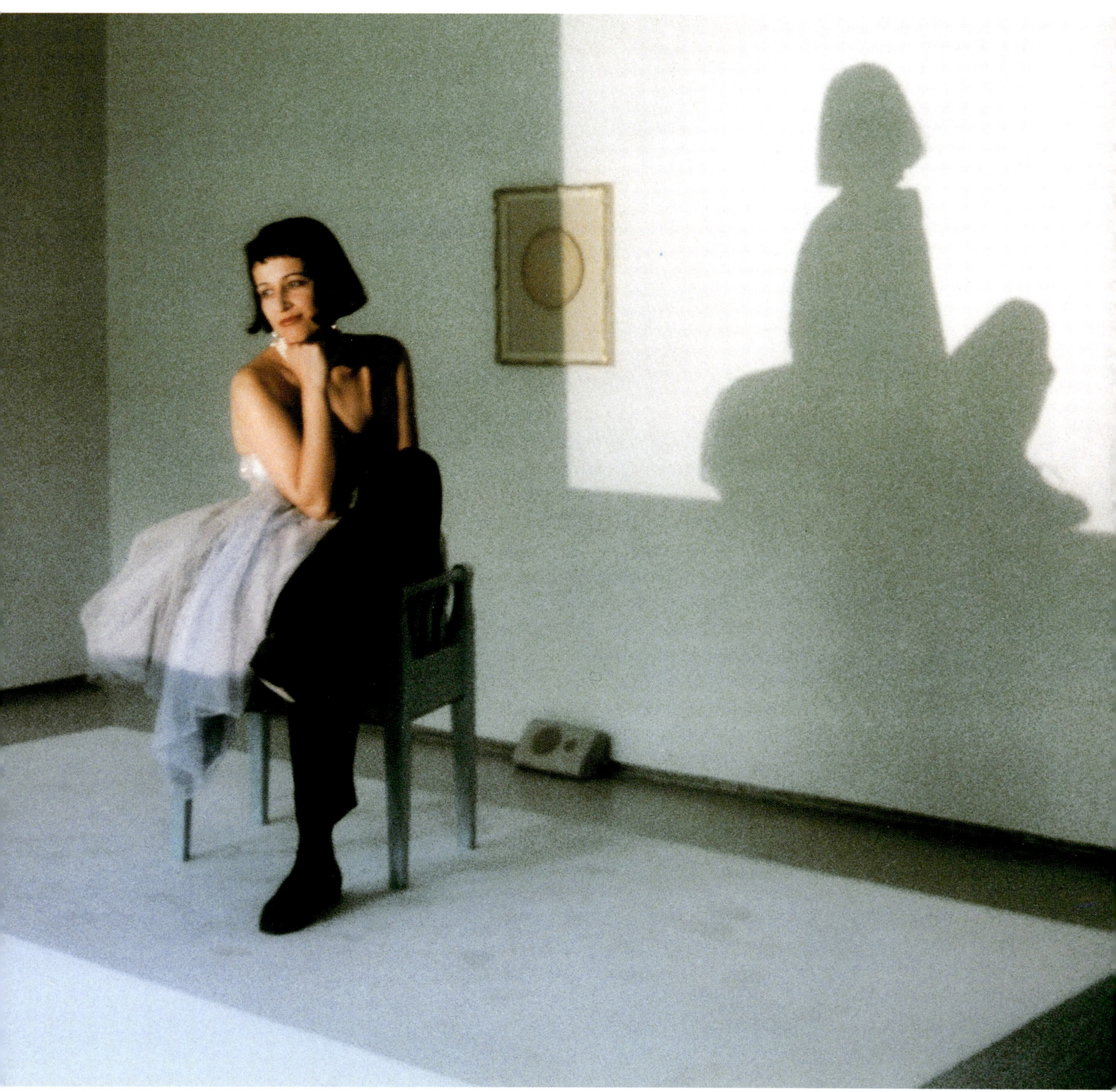

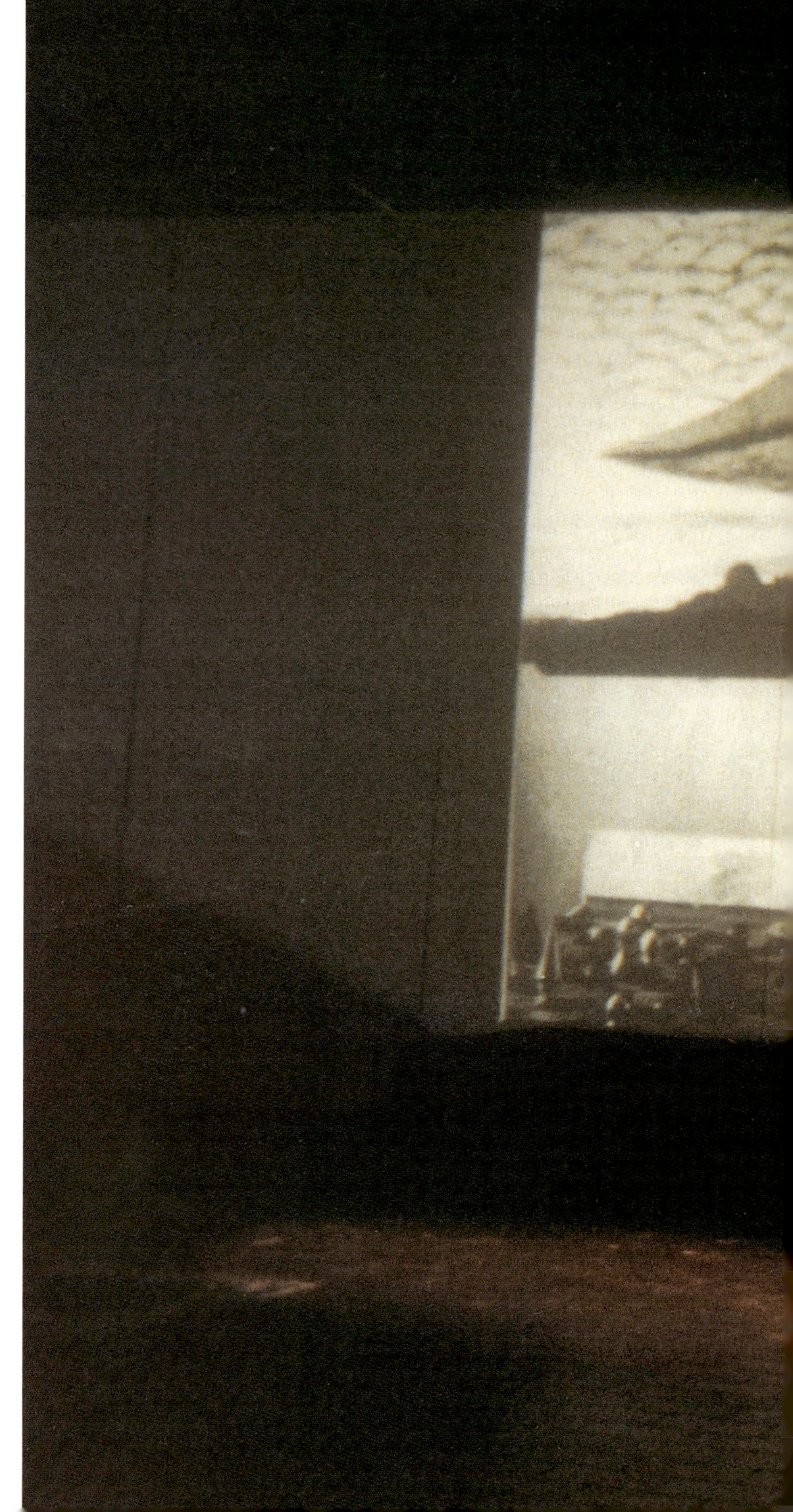

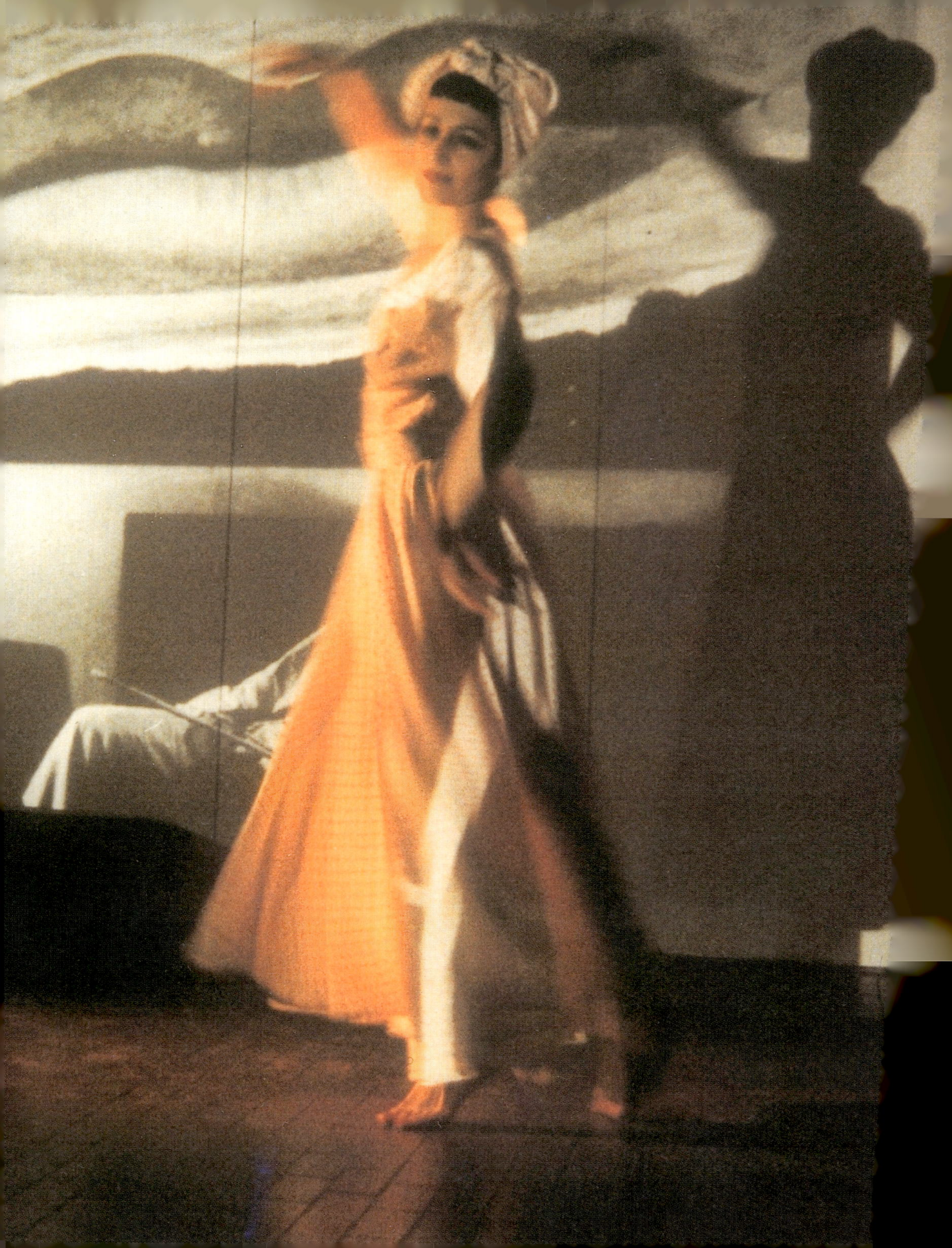

Fondazione Giorgio Cini
Venezia 1999

TUTTE COME UNA

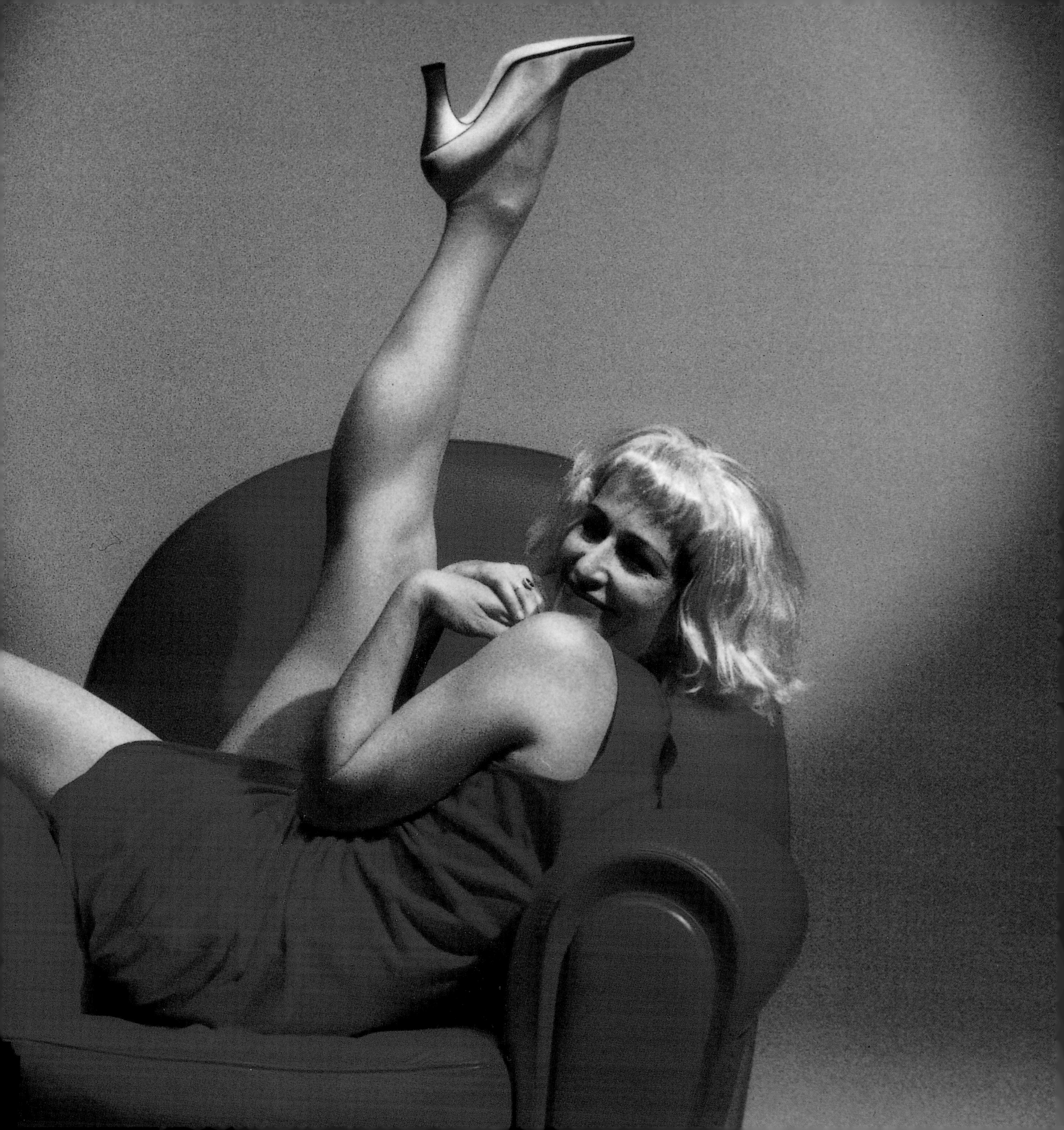

MOSTRE

EXHIBITIONS

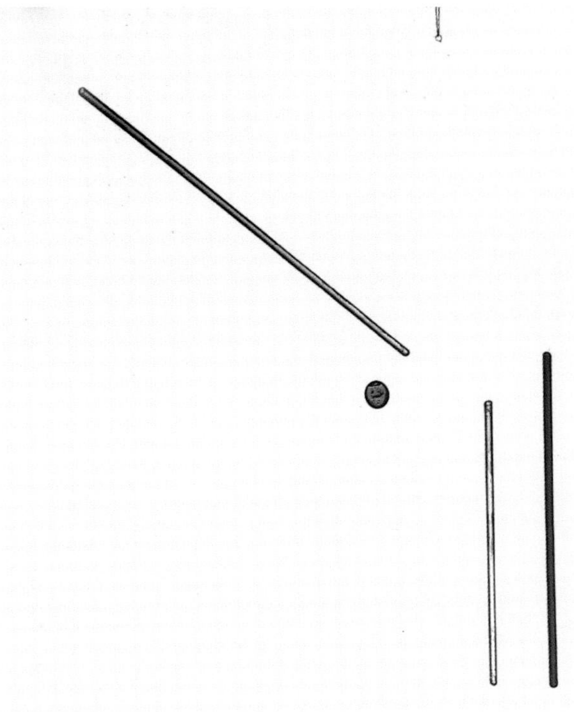

... altrimenti i cristalli sono così lontani e al tempo stesso così fortemente vicini che., a differenze delle orchidee e dei serpenti, non li si è mai ritenuti demoniaci

L'oggetto molle è la negazione di ogni macchina e quindi di ogni tecnica.

Acquià

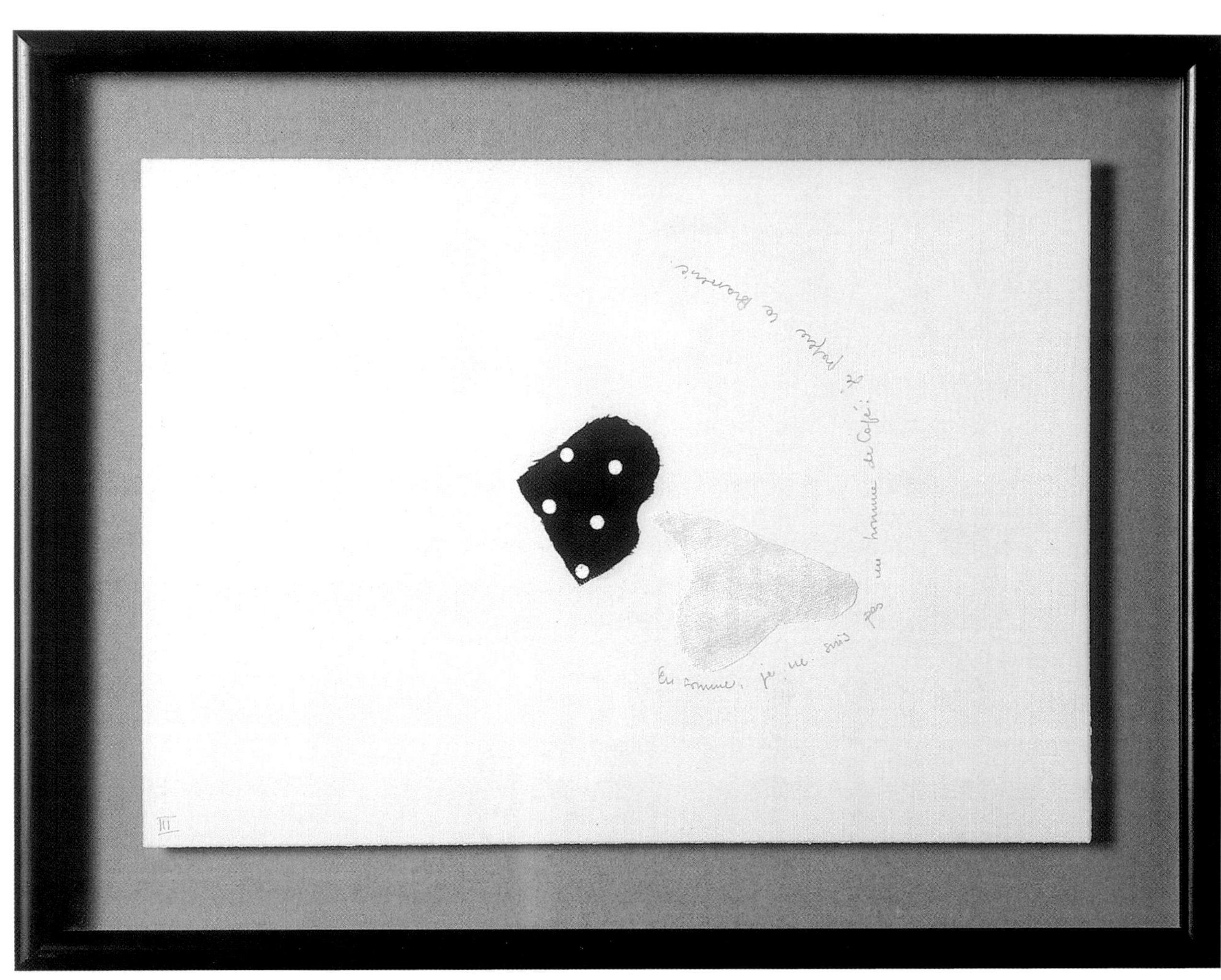

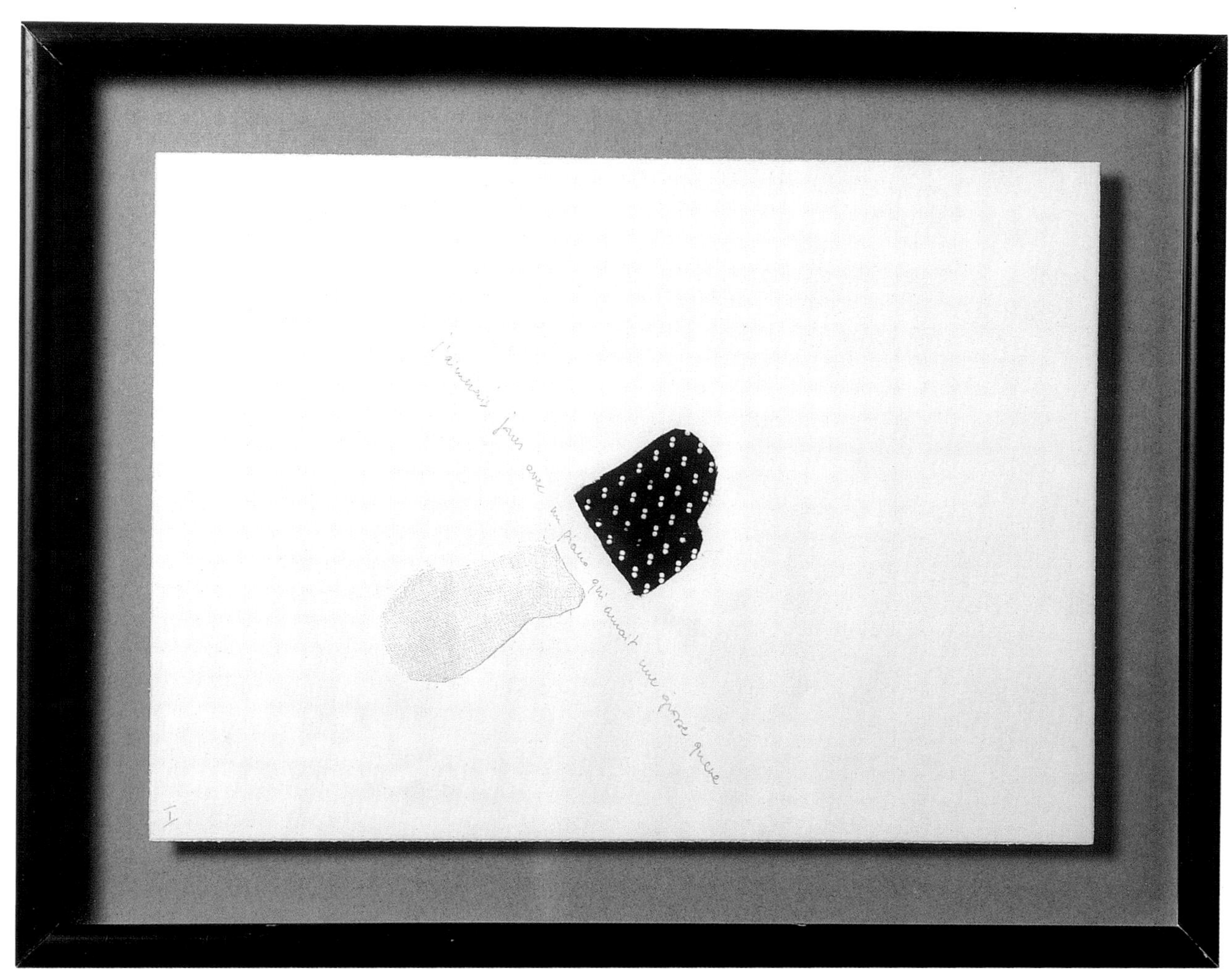

Galleria Ehra
Milano 1995

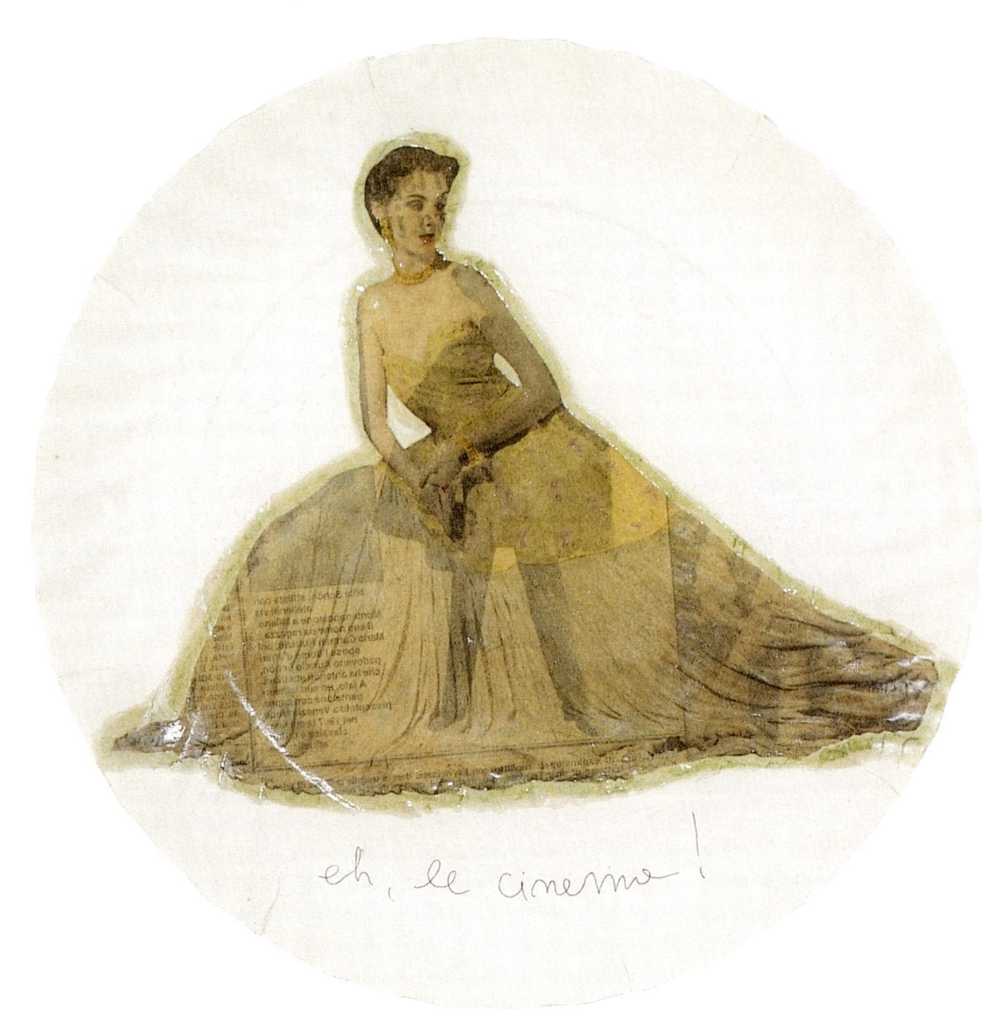

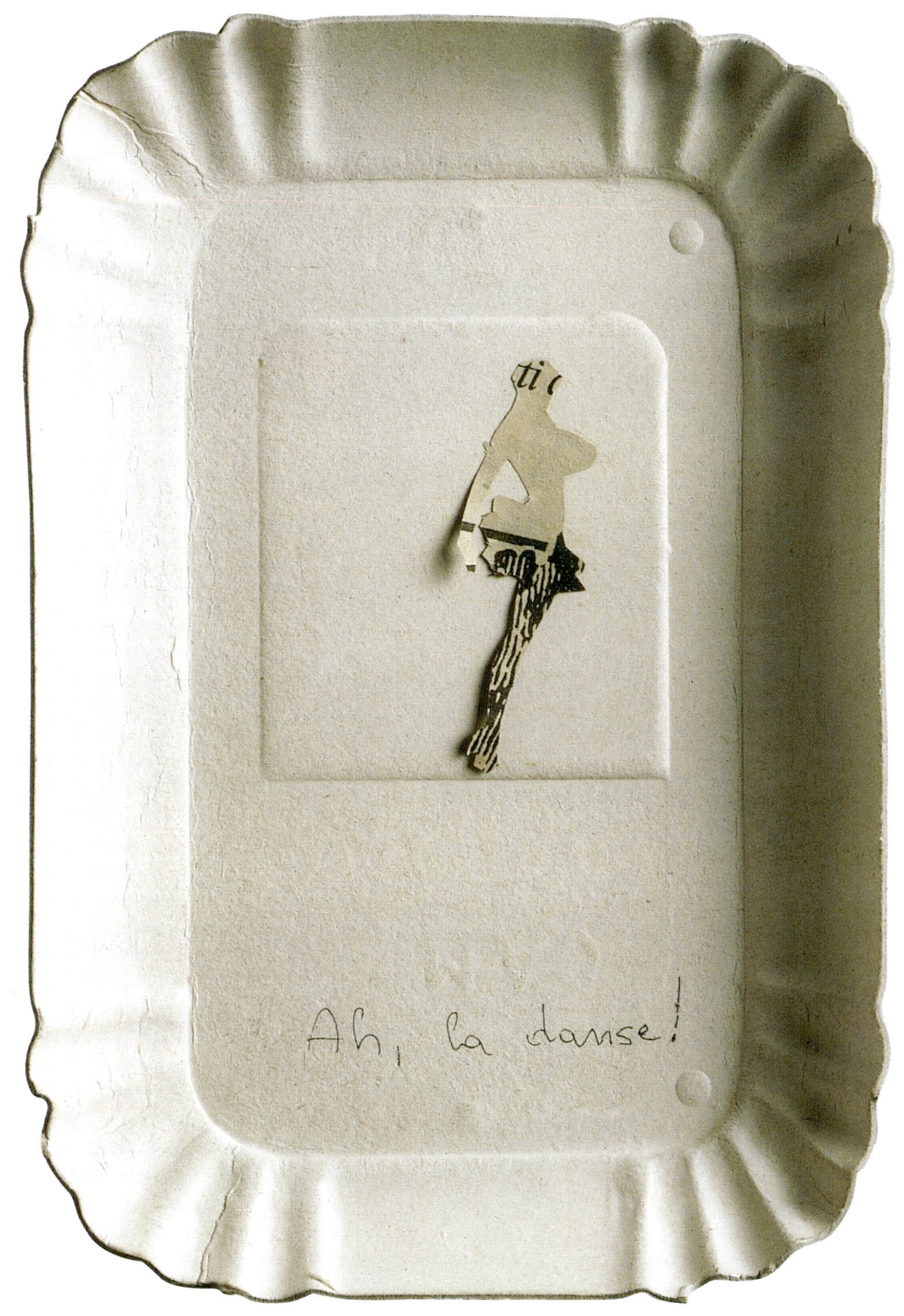

Ah, la danse!

SCRITTI SCRIPTS

Leonetta Bentivoglio

La poesia ballerina

Valeria Magli "balla" la poesia: è una ricerca che la definisce, e nella quale ha identificato i propri segni. *Performer* formata alla danza, Valeria ha studiato balletto classico e tecniche moderne, e ancora mimo, acrobatica, tip-tap; ha fatto l'attrice, il clown, la ballerina. E tutto per sperimentare (caso più unico che raro nello scarno panorama italiano) una fusione personale di tecniche e stili. Le sue *performances* evitano per principio qualsiasi "traduzione" in senso descrittivo di un testo poetico, così come scansano ogni tentativo di evocarne direttamente il significato (con l'adozione, per esempio, di un "facile" gesto emotivo). La Magli rischia altrove: quello che cerca è un gioco di rapporti originali e sempre inaspettati tra la poesia e la danza. Nei suoi spettacoli punta a colmare le distanze tra i due linguaggi, forzandone i limiti, sottolineandone le assenze, segnalandone i nessi possibili nella comune disponibilità ad esprimersi per metafore e simboli, a puntare su allusioni e rimandi, a escludere il dato esplicito (che appartiene piuttosto alla pantomima e al racconto) a favore della sintesi immaginifica.

Sospinti dall'inserimento in scena di elementi che attraversano l'azione (oggetti, suoni, rumori), i versi si frantumano nella trama dei movimenti di Valeria: segmenti di frasi e posizioni; gesti animati da musicalità e fraseggio e messi in relazione da trame di connessioni interne; cadenze, accenti, repentine aritmie. Come nella poesia.

Lo sdoppiamento dell'interprete (tra il sé reale e quello immaginato) è al centro dell'azione delle *Ballate della signorina Richmond*, dove l'interlocutore di Valeria può essere un "altro" assente, uno specchio, o un pupazzo. In *Indications de jeu* il fulcro è un oggetto enorme e incombente: una pietra massiccia, che nella realtà non ha alcun peso. Ed è il corpo della danzatrice a evidenziare l'illusione, sottolineandone con insistenza le anomalie: come a voler tradurre, nel gesto, l'afasia delle apparenze.

In *Le milleuna* Valeria Magli decide di muoversi al buio e di irrigidirsi alla luce in pose fisse, in una fisicità asettica, svuotata esasperatamente da ogni morbidezza, agendo per contrasto sul suono dei versi che parlano solo di sesso, declamati in toni densi e viscerali (testo di Nanni Balestrini, voce di Demetrio Stratos). In *Banana morbide* (musica di John Cage, testo di Balestrini) i suoni si ricamano tramite il movimento (l'azione ritmica delle *claquettes*): le parole poetiche diventano una melodia a cui il corpo, che si è fatto sonoro, funge da accompagnamento; e intanto il corpo, con i suoni prodotti tramite la danza, fornisce alla musica di Cage la melodia che le manca (in un ulteriore ribaltamento di ruoli e funzioni).

Ciò che conta, nel lavoro di Valeria Magli, è il luogo d'incontro tra i due linguaggi, la poesia e la danza. Questo spazio, a seconda dei casi, è cesura o congiungimento, in un intreccio di rapporti sempre sorprendenti e discontinui: un'oscillazione perenne tra astratto e concreto, magia visiva e ordine razionale. Nel suo rapporto con il testo poetico, il corpo della *performer* si prolunga, smuove il suono, scioglie tutta la propria fisicità sonora. (1981)

Omar Calabrese

Le installazioni corporee di Valeria Magli

Prima di parlare dello "spettacolo" di Valeria Magli, occorrerebbe dare una buona definizione di che cosa sia la danza. Il che porterebbe indubbiamente assai lontano, soprattutto in ragione dello spazio che qui è concesso. Diciamo dunque in modo molto, molto rozzo e semplicistico che una descrizione della danza – minima ma utile a quanto poi dirò – può essere questa (tratta dalle riflessioni di un matematico, René Thom, che qualche anno fa si è occupato del corpo del ballerino, e conforme a certe idee di un semiologo, Algirdas Greimas, sull'insorgere di fatti estetici dalla percezione). La danza è la trasformazione di una melodia e di un ritmo espressi nella sostanza dell'espressione "musica" in un insieme di figure e ritmi espressi in altre due sostanze dell'espressione concomitanti, "corpo" e "spazio" (sono concomitanti perché si unificano in una "scena"). Questa trasformazione avviene "traducendo" il ritmo musicale (che è una frequenza manifestata per mezzo di misure temporali) in ritmo corporeo e ritmo spaziale, cioè facendo equivalere la misura temporale e la misura spaziale mediante la segmentazione del movimento continuo del corpo in tratti discontinui e mediante la suddivisione del continuo spaziale in porzioni discontinue. Una seconda "traduzione" interviene a questo punto: ed è quella che fa diventare "salienti" certe figure corporee e spaziali in relazione al cosiddetto "contenuto" musicale.

So benissimo che questa definizione della danza è molto parziale, approssimativa e sostanzialmente inesatta (se dovessimo intenderla come la descrizione della danza). Tuttavia essa è utile appunto per parlare del lavoro di Valeria Magli, che, come vedremo, focalizza l'attenzione su alcuni elementi di quella descrizione per farne oggetto di riflessione teorica.

Prima osservazione. Se la danza è una trasformazione figurativa di ritmi musicali, allora siamo in presenza anche di una trasformazione dello statuto del pubblico che da "ascoltatore" si muta in "spettatore". Questa trasformazione non è priva di rilievo. Infatti, mentre nella dimensione dell'ascolto c'è un terreno comune fra emissione e ricezione che è dato da uno spazio astratto, auditivo, nella dimensione dello spettacolo c'è una compresenza materiale dello spazio di emissione e di ricezione. Lo spettacolo tradizionale ("all'italiana") prevede una divisione dello spazio comune in due sezioni più o meno comunicanti (normalmente non comunicanti se non per certi gesti, come l'applauso, l'inchino finale, l'allocuzione al pubblico, la contestazione del pubblico, eccetera: tutti elementi extra-testuali). Valeria Magli sottolinea questo aspetto. Di solito, infatti, la sua "scena" sta fortemente al di là delle possibilità di comunicazione col pubblico, crea una barriera impenetrabile che sta a significare che il messaggio dello spettacolo è proprio un messaggio visivo, un artefatto figurativo, che va dunque "guardato" come se vi fosse una barriera trasparente, un "velo", come diceva Leonardo da Vinci per la pittura. Il pubblico sta al di là del velo, osserva e quasi "spia" quanto si produce sulla scena. E la scena è un al di là di uno schermo, virtuale, immaginaria, intoccabile: perché fatta di figure.

A questo serve una parte dell'allestimento scenico di Valeria Magli, e in particolare quella "porta" fatta di teleschermi che riprendono l'azione scenica. Si tratta di una citazione della porta di Duchamp, opera che già di per sé alludeva al valore di soglia ovvero di limite costituito da ogni forma di apertura tra due spazi (perché li rende comunicanti, è vero, ma anche sottolinea la loro separazione). Nel nostro caso, la separazione è vieppiù insistita. Lo spettatore infatti viene drammaticamente posto oltre la soglia, a osservare una dimensione "altra" e col divieto di oltrepassare il suo posto assegnato. E la soglia stessa è costituita da televisori (visioni a distanza) che obbligano a pensare l'azione scenica come su uno schermo, appiattita come un quadro o un film o un video, e infrangibile proprio per questo. Un altro elemento teorico tuttavia, proviene da questa installazione della danza in uno spazio diviso. La danza, come si è detto, è la traduzione di ritmi musicali in ritmi e figure corporei e spaziali. Ciò significa che ci sono certi elementi, ad esempio del corpo, che hanno la maggiore responsabilità di questa traduzione. Primi fra tutti i piedi. Non si capiscono certe figure (certe salienze) se non si vede il movimento dei piedi. Perciò la figura del "ballerino" va vista intera ed integra. Ma lo spazio tradizionale dello spettacolo spesso impedisce lo sguardo globale, e con ciò svia l'attenzione dal focus della salienza. L'apertura di una porta e la restituzione "a schermo" dello spettacolo consentono invece questo meccanismo, e quindi il godimento del senso della scena.

Seconda osservazione. Siamo appena entrati, con le note che riguardano lo schermo e la sua separatezza dal pubblico, in una seconda dimensione teorica. Fin dall'inizio abbiamo detto che la sostanza dell'espressione "corpo" e quella "spazio scenico" sono concomitanti, ma, almeno nei loro tratti minimi, sono pur sempre separate. Valeria Magli invece fa sì che il corpo entri solidarmente nella dimensione "spazio". Vediamo in che modo.

Va detto subito che l'appiattimento nella seconda dimensione (lo schermo, appunto) unifica tutte le figure della scena: rendendo pittorica o cinematografica l'azione, il corpo che si muove diventa figura tra le figure, si unifica con lo sfondo e il contorno, e non viceversa. La stessa cosa viene sottolineata con l'uso delle luci e dei costumi. Le luci infatti sono usate per eliminare l'inquadratura tipica della scena "all'italiana" (il contenitore che contiene lo spettacolo), in una visione sfumata e appiattita. E sulla scena oscurata appaiono sovente installazioni (ad esempio ulteriori televisori) che fanno pensare all'oscurità non come uno spazio profondo anche se invisibile, ma come una superficie piatta su cui si possono "appoggiare" figure di qualunque genere.

I costumi svolgono un ruolo analogo. Ad esempio, quando Valeria Magli danza con una calzamaglia nera su cui sono appoggiati elementi vestiari molto mobili (e spesso non "vestiari" nel senso normale dell'abbigliamento), succedono due cose. La prima è che nuovamente il corpo scompare come tale, e diventa figura piatta tra le figure, diventa motore, cioè, di figure anche astratte che si muovono sullo spazio piatto. La seconda è che il corpo perde il suo somatismo antropomorfo, non lo si riconosce più come oggetto riconoscibile, non significa più una "persona che danza" (con tutti i suoi virtuosismi tecnici). Il corpo diventa un volume fra i volumi, omogeneo con lo spazio della rappresentazione.

La danza è arrivata così a raffigurare il movimento puro, l'astrazione del moto, un po' come le avanguardie artistiche del primo Novecento hanno fatto per arrivare all'astrazione pittorica. Mondrian e Kandinsky, ad esempio, parlavano di procedure di "defigurazione": e altrettanto fa Valeria Magli, appunto "defigurando" il corpo, togliendogli tratti antropomorfi e lasciandogli quelli della temporalità, della mobilità, della spazialità per così dire "pure". Una conclusione è necessaria adesso per il nostro breve e sommario discorso. E cioè che gli aspetti di teoria della danza presenti nel lavoro di Valeria Magli possono essere resi concreti per mezzo di tecniche di rappresentazione che riflettono un'idea generale dell'avanguardia. In particolare, quella del superamento dei confini delle arti (vale a dire delle loro sostanze dell'espressione) per giungere ad un'arte polimorfa e totale.

Valeria Magli vi giunge per una via che è tradizionale (nell'ambito avanguardistico) e moderna al tempo stesso. Tradizionale: perché la messa in scena avviene su testi e musiche che già si sono poste il problema, per conto loro, del superamento dei generi artistici (poesia futurista, arte dei rumori, neoavanguardia). Moderna: perché tutto avviene sfruttando le capacità espressive della tecnologia di oggi (il video, le tecniche di riproduzione del suono, l'elettronica applicata alle luci, e così via). In questo modo, Valeria Magli riduce la danza a quella che potremmo chiamare una "installazione corporea", cioè una installazione che ha come nucleo originario il corpo danzante. Ma l'installazione, nel mondo delle arti contemporanee, è per l'appunto il modo dell'unificazione, per via tecnologica, delle arti.　　(1990)

Manuela Gandini

Valeria Magli – artista ballerina...

Valeria Magli – artista ballerina dalle molteplici identità – assomiglia, nella penombra del suo privato e sotto i riflettori, a una signorina degli anni trenta. Tutto intorno a lei fa pensare ai primi decenni del secolo, agli anni più luminosi delle avanguardie, agli oggetti amorosi, all'Europa, alle bambole, ai merletti, alla provocazione femmina.

Trait d'union tra musica, danza, pittura e poesia, Valeria Magli incarna le immagini, le tridimensionalizza e le estende nello spazio muovendole nella danza, le scaraventa nel presente pur lasciando loro la patina originaria. Se altri fanno di tutto per diventare immagine, le immagini che intenzionalmente la incontrano fanno di tutto per incarnarsi in lei. Nella sua interpretazione *live*, le immagini attualizzate si riempiono di musica. Valeria ripercorre fisicamente i passaggi delle opere di Bellmer, di Man Ray, di Klimt, di Seurat, di André Kertész, che diventano oggetti del suo movimento. Davanti a *A l'heure de l'observatoire – Les amoureux*, la famosa grande bocca che sovrasta il cielo, Man Ray fotografò nel millenovecentotrentasei una modella sdraiata su un divano. Valeria Magli ha incarnato la modella danzando sullo sfondo di monitors che ricomponevano le labbra nel cielo di Man Ray. (1992)

Milli Graffi

La sottilissima arte dell'accostamento

In Valeria Magli c'è una qualità di rigore e simultaneamente di leggerezza che non appartiene solo al momento della danza, ma che è decisiva anche per il senso globale degli apparati coreografici. Viene da pensare più a una complessità interdisciplinare, che a una normale utilizzazione coreografica. Il suo modo di intrecciare la danza con gli altri elementi che dispone sulla scena, siano essi oggetti, fondi musicali o verbali, effetti di luce o di buio, o anche gli abiti stessi che indossa, non è quello dell'amalgama, dell'impasto, ma è piuttosto quello della compresenza. Le singole discipline o arti convivono sulla scena riuscendo a mantenere ognuna la propria individualità senza prevaricare o farsi prevaricare, senza che si stabilisca una gerarchia di primi piani e di fondi.

Prendiamo l'aspetto più clamoroso, la capacità di accostare la poesia alla danza – è anche quello che ha segnalato il suo esordio, come dimenticare la signorina Richmond di Nanni Balestrini ballata all'Out Off? – e vediamo che da una parte il testo poetico è recitato in forma piana, esente da intonazioni retoriche o anche solo timbriche, è voce fuori campo, poesia in benjaminiana distrazione, mentre il corpo disegna una calligrafia di movenze. Poche movenze, continuamente ripetute con qualche variazione: il corpo che si muove esige dallo spettatore un'attenzione particolare, espone qualcosa che lo spettatore è portato a decifrare, e possiamo in questo caso con proprietà dire che si tratta di un "leggere", leggere le sillabe gestuali iterate con svelta disinvoltura. Le movenze non alludono al testo poetico, è cancellato ogni rapporto di rappresentazione, sono invece un'invenzione formale di gesti che ricreano in un linguaggio diverso certi meccanismi che erano forse impliciti nel testo poetico: cesure, tagli, legamenti, procedimenti associativi, arroccamenti delle strutture foniche, scivolamenti analogici.

Non è rappresentazione perché non c'è l'intenzione mimetica; non c'è nessuna pretesa di aderenza al senso manifesto che il testo poetico va sviluppando in un'ininterrotta e uniforme linea sonora. Né d'altra parte si può dire che sia un'opera di traduzione perché l'intenzione non è di riprodurre lo stesso oggetto in un altro linguaggio. Per Valeria

Magli si tratta di creare un altro oggetto che possa accostarsi al primo. È questo che chiamo momento interdisciplinare. Il testo poetico è un grande ombrello protettivo, una delimitazione del campo referenziale. Ma l'arte della verbalità e l'arte della danza si mantengono separate; viene stabilita una distanza, aerea, leggerissima, ma rigorosissima, che crea quel corto spazio di vuoto dove le percezioni suscitate dalle due diverse arti si incontrano e provano l'esistenza o la non esistenza di eventuali permeabilità. Allora le poesie friulane di Pasolini dialogano con la serie dei fazzoletti rossi estratti casualmente dalle tasche di una sequenza di ballo appena accennata che procede per cerchi non concentrici; allora gli impercettibili scatti minimali di una bambola meccanica da film di Dreyer si infiltrano agevolmente tra le frammentazioni di Nanni Balestrini. Anche un cappello o un berretto o una cuffietta possono acquistare un'importanza propositiva, diventare presenze animate e innervare una tensione che si può di diritto definire cognitiva.

Io sono uno degli autori che Valeria ha introdotto nelle sue coreografie e forse può servire a fissare meglio questa analisi il ricordo delle impressioni che ne ho avuto.

C'è sempre in atto un lungo processo di allontanamento dai propri testi, che può accendere magari illuminazioni nuove del senso (o anche spegnerle del tutto), ma vedere un testo coinvolto in una serie di referenze altre, estranee, implicato in un punto di vista esterno al proprio centro, è tutt'altra cosa. L'interazione delle varie forze significanti dà l'avvio a un'inedita produzione di senso, il quale, come diceva Barthes, è sempre in via di formazione, non si dà mai come definitivo. Se in *Larve a salve* ho avuto un'impressione di estraniamento, per i testi inclusi nello spettacolo *Pupilla* ho avuto invece un senso di restituzione; sempre si trattava comunque di energia in movimento, di assistere a un divenire, all'impercettibile e imprevedibile trasformarsi delle variazioni.   (1987)

Marinella Guatterini

L'oltre la danza di Valeria Magli

La presenza di Valeria Magli nel panorama della danza italiana è singolare e scomoda. Per cominciare, contraddice la formazione ortodossa del ballerino che in genere affronta le diverse tecniche della danza come traguardi esaustivi della conoscenza e della cultura del corpo spettacolare. La Magli dimostra invece una padronanza critica, maturata in anni d'esperienza diretta delle tecniche teatrali e delle più diverse espressioni del corpo: dal mimo alla recitazione, dall'acrobatica alla ginnastica.

Quest'accumulazione di possibilità espressive, cui la sua danza continuamente si apre, non cerca tuttavia – come ci si potrebbe aspettare – un confronto con le tecniche e le teorie delle avanguardie storiche, ad esempio quelle americane che continuano ad essere il riferimento principale di quasi tutte le esperienze di ricerca italiane. Anzi, volutamente vi si sottrae.

Allargando la soglia del "danzabile", la Magli non medita sulla danza in sé, non ricerca novità stilistiche inesplorate, come dimostra il recupero ironico, ma devoto della *tap-dance*. Rivolge piuttosto il suo interesse altrove, oltre la danza, verso un'operatività culturale trasgressiva in senso lato. Ed è forse la sua formazione poliedrica a permetterle di osare in una direzione diversa: ridurre a danza ciò che danza non è in un gioco avvincente e pericoloso cui forse nemmeno i pochi ballerini dadaisti avevano pensato.

In una simile prospettiva l'incontro con l'opera di Nanni Balestrini è un approdo quasi naturale. Tra danza e poesia contemporanea la ballerina scopre affinità elettive come il fraseggio spezzato, le sospensioni, le cesure, le immagini evocative e il comune ricorso al simbolo e all'allusione. "La poesia è danza", scriveva Paul Valéry: non occorre, dunque, descriverla con il movimento come vollero tentare i futuristi, basta stabilire un rapporto di complicità, aggiungere e sottrarre significati alla parola per ottenere un effetto di ridondanza, danzare insieme alla poesia e soprattutto danzarle "contro", dischiudendo le porte di un immaginario duplicato. Già nella prima formulazione di *Le milleuna* (1979) si precisa la metodologia d'intervento della danzatrice. Il lavoro interdisciplinare, qui condotto a tre mani, con il poeta Nanni Balestrini e il musicista Demetrio Stratos, suggerisce l'ipotesi preziosa della performance. L'obiettivo è ribaltare la prassi del fare danza, ed ecco che il progetto – un sottile gioco intellettuale – ha il sopravvento sulla tecnica mentre lo stile della danza si annulla nella dimostrazione. In *Le milleuna* il corpo della Magli riesce a diventare "mentale" grazie a una sequenza di pose rigide e sospese, illuminate da un faro intermittente o appena intercettabili nel buio totale. La voce di Stratos acquista una vicinanza "fisica", tangibile, contrapposta alla lontananza del corpo, mentre il significato delle parole recitate, che dicono di sesso ed erotismo (sono cento, ripetute dieci volte più una), avvolge l'insieme definendone il perimetro tematico. Più tardi, in *Indications de jeu*, su musica di Satie, ugualmente strutturata a mo' di performance, la danzatrice si ingegnerà, invece, caparbiamente, a sollevare una pietra che in realtà non ha peso, svelando solo attraverso il gesto il gioco perverso dell'illusione.

Sempre basate sul contrasto tra immagine fisica e mentale, sull'ambiguo sdoppiamento della voce che diventa danza e del movimento che si fa parola, le *performances* della Magli approdano, alla fine, con *Banana morbide*, ad una svolta importante. Non cade la formula dell'incontro strutturato dei diversi linguaggi, ma la danza accumula un sapere più complesso e articolato, si configura autonomamente in coreografia.

L'improvvisazione che ritroveremo in *Banana lumière*, lascia qui il posto ad un percorso rigorosamente stabilito di passi e figure di *tap-dance*: curiosamente proprio grazie a questa griglia fissa emergono più distinte le idee e le suggestioni a cui la Magli nel frattempo si è dedicata: come la citazione iconografica (quante immagini di *soubrettes* e danzatrici degli anni Trenta), l'imperturbabilità e la lontananza della marionetta (attinta da Gordon Craig) e, complessivamente, il recupero di una danza extra-colta. La *tap-dance* viene scomposta e analizzata (come in seguito avverrà per il valzer, nel vorticoso *Poudre d'or*) in tutte le possibili diramazioni espressive, inclusa la gamma dei rumori e sospiri delle *claquettes* sul terreno: una rivalutazione sonora ancora intentata.

Il gusto del dettaglio, la cura estrema per quanto circonda il suo corpo allenato, l'artigianale, minuziosissima rifinitura dei progetti scenici e la raffinatezza estetica delle sue azioni (emerge tutta insieme nella collezione *Poesia ballerina*) sono, infine, ulteriori conferme della nuova direzione intrapresa dalla Magli. In questa sua danza c'è spazio e tempo per soffermarsi a registrare il più riposto e piccolo mutamento psicofisico, ad esempio le ripercussioni sull'equilibrio del corpo di una determinata figura di danza in relazione alla poesia, basta che nell'insieme si giunga a cogliere ciò che maggiormente interessa all'autrice, ciò che esula dal corpo e pur tuttavia gli pertiene: l'altro da sé. Per questo c'è chi preferisce collocare la sperimentazione di questa scomoda ballerina in una specie di limbo dove sono compresi tutti i generi dello spettacolo. Ma la sua ricerca *oltre la danza* è anche la denuncia di uno stato di crisi e di impasse della danza stessa: il linguaggio della danza ha forse detto il dicibile, ora il dicibile può diventare danza?   (1982)

Gianni Toti

**VALERIAscopìa
o dell'amMAGLIatrice**

VideoPOESIA
TeleBALLERINA
per liligrammi Lili Brik-à-brac
durata: 26 minuti e 12 secondi

Si potrebbe definire un esperimento di "balletto elettronico", o un "videopoemetto ballettronico" o "danzatronica" o "figure del discorso poetico videodanzato", anche queste "per mixer, memoria di quadro, oscillo-spettro-vectorscopi ed echi visual-musicali". Nella piccola saletta-studio sperimentale del TV3bis di Milano, Valeria Magli, "danzatrice di poesia" (Nanni Balestrini, Corrado Costa, Michelangelo Coviello, Milli Graffi, Antonio Porta, poesia sonora: futurismo, espressionismo, zaùm, simultaneismo, dada, lettrismo, surrealismo, concretismo, ecc.), in "chiave di croma" discende dal manifesto di *Sakovannaia filmòi* ovvero *Incatenata alla pellicola* (il film di Vladimir Maiakovskij e Lili Brik realizzato nel 1919 e distrutto durante la guerra) e, dalla delicata e ironica "caricatura" maiakovskiana, mima liberamente danzando il personaggio di Lili Brik che lei stessa divincola dalla pellicola in cui è rimasta incatenata per sessantaquattro anni per essere oggi "escatenata dal nastro". *Liligrammi*, dunque, in omaggio alla coraggiosa donna di Maiakovskij scomparsa quattro anni fa a Mosca; e *maiakovskémi* anche e *Lili Brik-à-brac* contro *videozìe*. Alìlice Brik attraversa gli specchi elettronici e balla i testi "maiakovskiumosi" di Toti, le musicossessioni elettroniche e non, classiche e post-future, che i destinatari destaneranno nella loro "memoria di quadro", ma che Valeria non ascoltava certo mentre danzava le sue musiche interiori al ritmo delle fasmagorìe videopoietiche.

Gli echi di questo silenzio diventano qui echi visuali, memorie immaginarie che nel loro imprevedibile *time-delay* vincono le inerzie della successione linear-sequenziale per scomporsi e ricomporsi in un presente-imperfetto-passato-prossimo-appena-trapassato-e-già-quasi-futuro. Gli echi della visione del balletto elettronico ottengono in sostanza di piegare il tempo, e di restituirci il già vissuto-danzato nella ripetizione dell'ombra corporea (o del corpo ombratile) che accompagna ironicamente le com-movenze Lili-Valeriagrammate. Così Valeria Magli, poeta danzante sull'aereo palcoscenico delle spettroscopìe e dentro le pagine dei grafèmi di Maiakovskij, interpreta interpretando (anzi interpoetodanzando) le poesibilità danzatroniche delle poetecnologie in un saggio autoironico, distaccato e appassionato insieme, versificando corporalmente, e scorporando disegni allusionali e trame aeree nel blu della *chroma-key* insieme allontanando da sè l'astrazione concreta delle figure discorsòie.
(1984)

Leonetta Bentivoglio

The Ballerina Poetry

Valeria Magli "dances" poetry: it's an aspect of her work that defines her, and through which she has identified her own symbols and gestures. As a performer trained in dance, Valeria has studied classical ballet and modern techniques, as well as mime, acrobatics, and tap; she has also been an actress, a clown, and a ballerina. Solely through experimentation (rare to the degree of uniqueness within the meager Italian panorama), a personal fusion of style and technique developed. In principle, her performances avoid any "tradition" in the sense of a descriptive poetic text, just as they shun all attempts to evoke meaning directly (for example, with the adoption of an "easy" emotive gesture). La Magli risks something else: she searches for an original game composed of unexpected, unique relationships between poetry and dance. Her performances concentrate on fully overcoming the distance between these two languages: forcing their limits, underlining their absences, indicating possible relationships and links in the universal ability to express oneself in metaphor and symbol, concentrating on allusion and retort, excluding explicit facts (which above all belong to pantomime and storytelling) in favor of imaginative synthesis. Driven by elements interjected into a scene, cutting through the action (objects, sounds, noises), verses shatter in the machinations of Valeria's movements: partial sentences delivered in specific positions, musically animated gestures and phrasing related by the workings of internal connections, cadences, accents, and unexpected arrhythmias. Just as in poetry.

The interpreter's double identity (between the real and the imagined self) is at the center of the action in *Le ballate della signorina Richmond*, in which Valeria's interlocution is "other" in the sense of being absentminded, a mirror, or a puppet. In *Indications de jeu*, the fulcrum is an enormous and threatening object: a massively solid stone that in reality weighs nothing at all. And it is the dancer's body that illustrates the illusion. The anomalies underlining it are insistent, as if desiring translation, in gesture, of the aphasia's appearance. In *Le milleuna*, Valeria Magli decides to move herself into the dark and stiffen herself in rigid poses, whereas under the light she is physically aestheticized, exasperatingly emptied of all morbidity, acting in contrast to the sound of the verses which speak only of sex, recited in dense and visceral tones (text by Nanni Balestrini, voice by Demetrio Stratos). In *Banana morbide* (music by John Cage, text by Balestrini), the sounds are embroidered through the movement (the rhythmic action of the *claquettes*); the poetic words become a melody to which the resonating body acts as an accompaniment, while the body, through the sounds produced by the dance, provides Cage's music with the melody it lacks (in a further reversal of roles and functions).

What matters in the work of Valeria Magli is the place where the languages of poetry and dance meet. In some cases this space is a caesura, or link-up, in a plot of continuously surprising, broken relationships: an everlasting oscillation between abstract and concrete, visual magic and ordinary rationality. In relating the poetic text, the body of the performer stretches, rousing sound, releasing all the sonorous physicalness that resides in it.   (1981)

Omar Calabrese

Valeria Magli's Corporal Set Up

Before speaking of Valeria Magli's "spectacular" shows, a good definition of dance needs to be given. This could undoubtedly take a long time, especially in explaining all the reasoning behind the definition. Therefore let's say, in a very, very simple and unrefined way, that a description of dance – minimal but useful for what I will have to say later – can be this (one is dealing with the reflections of a mathematician, René Thom, who studied the dancer's body some years ago and followed certain ideas of the semiologist Algirdas Greimas on the aesthetic facts arising from perception): Dance transforms a melody and an expressive rhythm in substantial "musical" expression within a complete experience of figures and their expressive rhythms in two other concomitant expressive areas: "body" and "space" (they are concomitant because they unite in a "scene"). This transformation is brought about by "translating" the musical rhythm (which is a frequency manifested through temporal measurements) in corporal rhythms and in spatial rhythms, thereby making the temporal measurement equivalent to the spatial measurement through the segmentation of the body's continuous movement in discontinuous sections and through the subdivision of continuous space into discontinuous portions. At this point a second "translation" intervenes: and it is this which makes certain corporal and spatial figures "striking" in relation to the so-called musical "content."

I well know that this definition of dance is very partial, approximate, and substantially incorrect (if we must mean it as the description of dance). Nevertheless, this definition is useful when discussing Valeria Magli's work, which, as we will see, focuses on elements of this description in order to become an object of theoretical reflection.

First observation: If dance is a figurative transformation of musical rhythms, then we are also in the presence of a transformation of the audience's constitution, mutated from "listeners" into "spectators." This transformation is not unimportant. In fact, while there is common ground between emission and reception in the realms of listening provided by an abstract space capable of being heard, in a performance there is a materially linked togetherness in the space of emission and reception. The traditional "Italian" performance divides the communal space into two more or less communicative sections (usually uncommunicative if not for certain gestures such as applause, taking the final bow, allocution to the audience, the challenge of the audience, etc. – all are extra-textual elements). Valeria Magli underlines this aspect. In fact, her "stage" is often well beyond the possibility of communicating with the audience, creating an impenetrable barrier signifying that the show's message is a visual message, a figurative artifact, which is therefore "viewed" as if it were a transparent barrier, a "veil" as Leonardo da Vinci said of painting. The audience lies beyond the veil, observes, and almost "spies" on what is produced on the stage. And the stage is on the other side of a screen: virtual, imaginary, and untouchable, because it is composed of figures.

Valeria Magli's stage preparation plays a part in this, and in particular that "door" made of television screens reprises the stage action. This is a reference to Duchamp's door, a work which in its own definition alluded to a threshold value, or really a limit composed of every type of aperture existing between two spaces (because it makes them communicative, it is true by also underlining their separateness). In our case the separation is all-the-more insistent. In fact, the spectator is dramatically placed beyond the threshold, observing "another" dimension and forbidden to cross from his assigned seat in the auditorium. The same threshold is composed of television sets (remote viewing) obliging the viewer to think of the stage action as if on a screen, as flat as a painting, film, or video, and because of this, shatterproof and unbreakable. Another theoretical element is derived from this way of setting up dance in a divided space. Dance, as has been said, is a tradition of musical rhythms in space and of corporal figures. This means that certain elements, the body for example, have greater responsibility within this tradition. Above all, the feet. Certain figures (certain striking poses) cannot be understood if the movement of the feet is not seen. Therefore, the "dancer's" figure is seen in its integrated entirety. But the show's traditional working space impedes the global view, and this distracts attention away from focusing on the main points. On the other hand, the opening of a door and appearance of showing a "screen" allows this mechanism to work, the therefore allows the sense of the scene to be enjoyed.

Second observation: With the notes above about the screen and its separation from the audience, we have just entered a second theoretical dimension. Since the beginning we have said that the substantive expression of the "body" and "stage space" are concomitant. But, at least in their minimal sections, they are always separate. Valeria Magli, however, makes the body solidly enter into the "spatial" dimension. Let's see how she does this.

It must be immediately said that hiding behind the second dimension (the screen) unifies all the figures on the stage, that is to say, makes them picturesque and cinematographic in their actions. The moving body becomes a figure amongst figures, unified with the background and the silhouette, and not vice-versa. The same thing is underlined by the use of light and costume. The lights are in fact used to eliminate the typical "Italian" cinema tic view of a scene (the container which contains the performance) in a lost and hidden vision. It is on the obscured stage that these elements frequently appear (for example in the extra television sets) which makes one think of the obscurity not as a profound yet visible space, but as a flat surface on which figures of whatever type can be "placed."

Costume plays a similar role. For example, when Valeria Magli dances in black tights upon which very mobile items of wardrobe are placed (and often "non-wardrobe" items in the normal sense of clothing), two things occur. The first is that again the body disappears as such, becoming a flat figure inside the figures, that is, becoming an engine of figures which are also abstract but moving on the flat space. The second is that the body loses its anthropomorphic somatism, since it can no longer be recognized as the object which it is; it no longer means "a person who dances" (with all their technical virtuosity). The body becomes a volume among volumes, homogenized into the performance space. The dance has thus come to portray pure movement, abstract motion, not unlike the picturesque abstracts created by the artistic avant-garde of the early twentieth century. For example, Mondrian and Kandinsky spoke of "de-figuration" procedures: and Valeria Magli does likewise, "de-figuring" the body, stripping anthropomorphic sections from it and leaving those with temporality, with mobility, with space, saying "pure." Now a conclusion to our brief and summary discussion is necessary. The theoretical aspects of dance presented in Valeria Magli's work become concrete representation through the techniques used to represent them, which reflect one of the avant-garde's general ideas. In particular, overcoming the confines of art (that is, the substance of their expression) in order to reach a total polymorphic art form.

Valeria Magli achieves this by using traditional (for the avant-garde) and modern ways at one and the same time. Traditional, because the *mise-en-scène* involves text and music which already pose the problem of overcoming the types of art used (futurist poetry, sound art, neo-avant-gardism). Modern, because everything happens by exploiting the expressive abilities of today's technology (video, audio reproduction techniques, electronic lighting, and so on). In this way Valeria Magli reduces dance to that which can be called a "corporal stage," that is, a stage that has the dancing body as the nucleus of its origin. But through technology, in the world of contemporary art, this stage is precisely the mode used to unify the arts.   (1990)

Manuela Gandini

Valeria Magli – artist and ballerina...

Valeria Magli – artist and ballerina with a multiplicity of identities – resembles, in the half-light of her private life and under any reflector, a lady of the 1930s. Everything around her makes one think of the early decades of the twentieth century, of the avant-garde's brightest years. Between music, dance, visuals and poetry, Valeria Magli embodies images, she three-dimensionalizes them, projecting and extending them into space, moving them during the dance, flinging them into the present in order to leave an original finish on them. If others do everything to become images, the images that she intentionally encounters do everything to become personified by her.

In her live interpretations topical images are filled with music. Valeria physically runs through excerpts from the work of Bellmer, Man Ray, Klimt, Seurat and André Kertész; all become the objects of her movement. In 1936, in front of *A l'heure de l'observatoire – Les Amoureux*, the famous large mouth that rises above the sky, Man Ray photographed a model lying on a sofa. Valeria Magli has embodied this model, dancing to a background of monitors that recreate Man Ray's lips in the sky. (1992)

Milli Graffi

The Most Subtle Art of Matching

Within Valeria Magli there is a simultaneous quality of rigorousness and lightness that belongs not only to her moments as she dances, but is also a decisive element in the overall sense of her choreographed work. One comes to think more of an interdisciplinary complexity than the utilization of normal choreography. Her way of interlacing dance with other elements in a scene – whether they are objects, music, words, lighting effects, shadows and darkness, or the very clothes she wears – is not that of an amalgam, a mixture, but above all that of a charismatic, all-encompassing presence. Individual artistic disciplines co-inhabit a scene, each managing to maintain its individuality without deviating or becoming devious, without establishing a hierarchy between foreground and background.

Let's look at the most clamorous aspect: the ability to draw poetry close to dance (which was also what marked her debut appearance: how can we forget miss Richmond by Nanni Balestrini, danced at the Out Off?). See how, on the one hand, the poetic text is recited quietly, exempt from rhetorical intonation or tone color, an off-screen voice, poetry as Benjaminian distraction, while the body designs a calligraphy of movement. They are small movements, continuously repeated with some variation: the moving body demands particular attention from the spectator, demonstrates something that brings the spectator to the point of deciphering – we can safely say "reading" – the gestured syllables being repeated with swift and easy self-confidence. The movements do not allude to the poetic text, for every representative relationship is done away with, and instead the movements are formally invented gestures which recreate several mechanisms in a language perhaps implicitly present in the poetic text: caesurae, breaks, connections, associative behavior, hoarsening of the phonic structures, analogical glides.

It is not representation because there is no mimetic intention; there is no pretence to adhering to the sense of the poetic text's development in terms of an uninterrupted or linear sound. Nor, on the other hand, can it be said that it might be a work of translation, because the intention is not to reproduce the same result in another language. For Valeria Magli is dealing with the creation of some other result that is able to draw near to the first. This is what I call the interdisciplinary moment. The poetic text is a huge protective umbrella, a delimitation of the field of reference. But the art of verbalism and the art of dance are kept apart; a distance is established, lofty, extremely light, but very rigorous, creating that short space of emptiness in which the perceptions brought about by the two different arts meet and prove the existence or non-existence of any permeability. Thus Pasolini's Friulian poems have a dialogue with a series of red handkerchiefs casually taken out of the pocket in the above-mentioned dance sequence, which proceeds to non-concentric circles; at this moment a mechanical doll's imperceptible, minimal leaps, depicted in a film by Dreyer, easily infiltrate Nanni Balestrini's fragmentation. A hat, a beret, a small cap or bonnet can also acquire a premeditated importance, becoming an animated presence that creates what could be called a cognitive tension.

I am one of the authors who Valeria has introduced in her choreography, and perhaps these impressionistic memories I have of it will help to improve this analysis. A process of distancing from the text itself is always in operation, a process which can, of course, alight new flashes of inspiration (or extinguish everything too); but to see a text involved in a series of other extraneous references, seen from an external point of view rather than from the center, is something else completely. The interaction of the various strengths gives rise to a new sensory production that, as Barthes said, is always in the process of formation, thus never able to reach its definition. If in *Larve a salve* I had the impression of the extraneous, in the *Pupilla* performance I had, on the other hand, a sense of the text's restoration; however, one is always dealing with moving energy, of watching a becoming, an imperceptible and unpredictable transformation of the variations. (1987)

Marinella Guatterini

Beyond Dance by Valeria Magli

The presence of Valeri Magli on the Italian dance scene is special, distinct, unique and uncomfortable. Firstly, she contradicts the orthodox training of dancers who in general confront and manage the various techniques of dancing as an exhaustive knowledge, a goal in the culture of the body beautiful. In contrast, Magli shows a certain critical mastery, command, and control, matured through years of experience guided by theatrical technique and by the widest range of bodily expression: from mime to recitation, from the acrobatic to the gymnastic.

However, this accumulation of expressive possibilities, continuously explored by her dancing, does not seek – as one might expect – a confrontation with the theories and techniques of the historical avant-garde: for example, those Americans who continue to be the principal points of reference for almost all Italian experimentation. In fact, she deliberately avoids them.

By widening the threshold of the "danceable," Magli does not meditate on dancing as an end in itself, does not strive for unexplored or novel stylistics, as is demonstrated by the ironic rediscovery of – and devotion to – tap-dancing. Above all, in a broad sense she turns her attention elsewhere, beyond dancing towards a transgressive cultural effect. Perhaps it is because of her multi-faceted training that she dares to go in a different direction: adapting dance to a fascinating and dangerous game that perhaps not even the few Dadaist dancers had imagined.

From a similar perspective, the convergence with the work of Nanni Balestrini is an almost natural place for her to land. The dancer discovers an elective affinity between dance and contemporary poetry, such as broken phraseologies, pregnant pauses, caesurae, evocative images, and communal recourse to symbol and allusion. "Poetry is dance," wrote Paul Valéry. Therefore, there is no need to describe it with movement as the Futurists attempted. The establishment of a mutually useful relationship is sufficient: adding and removing meaning from the word in order to obtain an effect of redundancy; dancing together with poetry; and above all to dance "against" poetry, revealing an imaginary duplicate. The dancer's participatory methodology is stated during the initial formulation of *Le milleuna* (1979). This three-way interdisciplinary work, here with the poet Nanni Balestrini and musician Demetrio Stratos, suggests the artificial hypothesis of the performance. The aim is to knock down and overturn the standard practice of dance – a subtle, intellectual game – having the upper hand over technique while the style of dancing is cancelled out in the execution of the display. In *Le milleuna*, la Magli's body succeeds in becoming "cerebral" thanks to a sequence of rigid poses and suspensions, illuminated by an intermittent lighthouse beacon, barely perceptible in the total darkness. Stratos' voice acquires a "physical" closeness, tangible, contrasting with the body's distance, while the significance of the recited words speaks of sexuality and eroticism (there are a hundred, each repeated ten times plus one), wrapping the ensemble so as to define the thematic perimeter. Later, in *Indications de jeu*, with music by Satie and structured equally through performance, the dancer stubbornly strives to lift a stone that in reality is weightless, only revealing the perverse game of the illusion through gesture.

Based as always on the contrast between physical and mental images, between an ambiguous doubling of the images created by the voice that becomes dance and movement transformed into words, in the final analysis (*Banana morbide*), Magli's performances lead to an important crossroads – that is to say, an important turning point. The formula of the structured meeting of the various languages does not become dysfunctional, for as the dance accumulates more complex and articulated knowledge, its choreography configures itself autonomously.

The improvisation revealed in *Banana lumière* leaves the impression of a rigorous course of tap-dance steps and figures. Curiously, thanks to this fixed grid, the ideas and suggestions to which la Magli dedicated herself in the meantime emerge more clearly and distinctly: such as the iconographic citation (so many *soubrette* images and dancers from the 1930s); the imperturbability and distance of the marionette (drawn by Gordon Craig); and comprehensively, the reclamation of a highly cultivated style of dance. Tap-dancing is deconstructed and analyzed (as will subsequently happen for the waltz in the swirling *Poudre d'or*) in all of its possible expressive ramifications, including the whole earthly gamut of the *claquettes'* sounds and sighs: an as yet untried vocal reevaluation.

The taste for detail, the extreme care surrounding her trained body, the meticulously precise craft, the scenery's final touches, and the aesthetic refinement of her actions (emerging altogether in the *Poesia ballerina* collection), are, in the ultimate analysis, further confirmation of the new direction la Magli has embarked upon. In this dance there is time and space to linger, so as to register the smallest and most secluded, innermost, psycho-physical mutation: for example, the repercussions that a particular figure of dance in relation to the poetic text have on the body's equilibrium. In the ensemble it is sufficient to embrace that which most interests the authoress – that which lies beyond the body but nevertheless concerns her: the other by itself. Because of this there are those who prefer to associate the experimentation of this awkward ballerina with some kind of Limbo, which includes each and every type of performance. But her research *beyond dance* is also a declaration of a state of crisis and an impasse in the dance itself: the language of the dance has perhaps told what can be told; now can what can be told become dance?   (1982)

BIOGRAFIA
BIOGRAPHY

Valeria Magli

Attrice, ballerina, coreografa.
Studi di pianoforte, danza classica, danza
moderna, laurea in filosofia.
Inizia la carriera in teatro come attrice e
prosegue con proprie creazioni teatrali e
installazioni.
Un autentico lavoro multimediale che
dalla danza ama espandersi nei territori
dell'arte figurativa, della vocalità e della
musica, nel segno di una nuova personale
forma di teatro.

I suoi lavori sono stati presentati al Musée
Matisse, Nice; Centre Georges Pompidou,
Paris; Hunter College Theater, New York;
Círculo de Bellas Artes, Madrid; Théâtre
du Rond-Point, Paris; Piccolo Teatro –
Teatro Paolo Grassi, Milano; Festival dei
Due Mondi, Spoleto.

Actress, ballerina, choreographer.
Studied piano, classical dance, modern
dance; she is a graduate in Philosophy.
She began her career as an actress in the
theater and went on to create her own
theatrical works and installations.
An authentic multimedia working process
that lovingly expands from dance into the
territory of figurative art, of vocality and
of music, marking a new personal form
of theatre.

Her work has appeared at The Matisse
Museum, Nice; Centre Georges
Pompidou, Paris; Hunter College Theater,
New York; Círculo de Bellas Artes,
Madrid; Théâtre du Rond-Point, Paris;
Piccolo Teatro – Teatro Paolo Grassi,
Milan; Festival of the Two Worlds,
Spoleto.

* L'anno indicato si riferisce al debutto
The year mentioned refers to her debut

SPETTACOLI/*PRODUCTIONS**

Le ballate della signorina Richmond
Teatro Out Off, Milano 1978
da/from Nanni Balestrini *Le ballate
della signorina Richmond*
musica/music Marcel Duchamp

Futura
Università degli Studi di Pavia 1978
con/with Arrigo Lora-Totino
regia/director Lorenzo Vitalone

Le milleuna
Teatro Out Off, Milano 1979
testo/text Nanni Balestrini
voce/voice Demetrio Stratos

Indications de jeu
Teatro di Porta Romana, Milano 1980
testo/text Nanni Balestrini
musica/music Erik Satie

Papier
Teatro di Porta Romana, Milano 1980

Banana morbide
Teatro di Porta Romana, Milano 1980
testo/text Nanni Balestrini
musica/music John Cage
scene e costumi/sets and costumes
Cinzia Ruggeri
regia/director Lorenzo Vitalone

Banana lumière
Teatro di Porta Romana, Milano 1981
musica/music Walter Marchetti
scene e costumi/sets and costumes
Cinzia Ruggeri
luci fantastiche Piero Fogliati
coreografia/choreography Valeria Magli
regia/director Lorenzo Vitalone

Primule e sabbia
Sala Corridoni, Milano 1983

Poudre d'or
Auditorium, Bergamo 1983
musica/music Erik Satie

Pupilla
Teatro Pierlombardo, Milano 1983
testo a cura di/text edited by
Letizia Paolozzi
musica a cura di/music curated by Juan
Hidalgo

Baguette
Teatro Circo Spaziozero, Roma 1984
testo a cura di/text edited by Antonio Porta
musica/music Luigi Cinque
con/with Micala Marcus, Joseph Fontano

Le bain de Diane
Théâtre du Rond-Point, Paris 1986
testo/text Pierre Klossowski
con/with Pietro Pizzuti
regia/director Simone Benmussa

Double face
Reggio Emilia 1986
con/with Bustric

Tenez tennis
work in progress
Università Alma Mater Studiorum,
Milano 1990

Tennis girl
Piccolo Teatro – Teatro Paolo Grassi,
Milano 1998
testo/text Ida Bassignano
regia/director Gabriele Marchesini
musica originale/original music John Cage
musica/music Marcello Panni, Erik Satie,
Penguin Cafe Orchestra
video originale/original video Gianni Toti

Coco e le altre
Spazio Zazie, Milano 1998

Il pomeriggio di Nijinsky
Teatro La Cavallerizza,
Reggio Emilia 2001

PERFORMANCES

Mix
Centre Georges Pompidou, Paris 1987
con/with Marcello Panni

Ginnosofia
Pavia 1980

La pisseuse
Festival dei Due Mondi, Spoleto 1988
con/with Jean-Jacques Lebel
testo/text Louis Perleau, Aldo Palazzeschi,
Pierre Louys, Robert Desnos
musica/music John Cage

Buco d'ispezione
Santa Scolastica, Bari 1990

Cherchez la mouche
La Biennale di Venezia, Venezia 1990

Sciapò
Spazio Ansaldo, Milano 1991
abito-cappello/dress-hat
Anna Gemma Lascari
musica/music Wolfgang Amadeus Mozart,
Anna Homler

La chatte
Studio Sotis, Roma 1991

Le fantasmatiche
Institut Culturel Italien, Paris 1996

Tutte come una
Università Alma Mater Studiorum,
Bologna 1998
testo/text Lina Sotis
musica/music William Walton

MOSTRE PERSONALI/*SOLO
EXHIBITIONS*

Righe a ballo
Gallery Night, Milano 1989
postille e chiose/notes Nanni Balestrini,
Franco Bolelli, Omar Calabrese, Francesco
Leonetti, Mario Spinella, Ugo Volli

Vingt plateaux
Galleria Ehra, Milano 1995

MOSTRE COLLETTIVE/*GROUP
EXHIBITIONS*

Passaggi in camera
Palazzo Ducale, Massa 1992
a cura di/curated by Manuela Gandini

Dislocazione
Bologna 1995
a cura di/curated by Gigliola Rovasino,
Bianca Tosatti

INTERPRETE NEI LAVORI TEATRALI/
PERFORMER IN THEATRICAL PRODUCTIONS

Vittorio Franceschi
L'Amleto non si può fare
regia/director Francesco Macedonio
Rimini 1977

Heinrich von Kleist
Pentesilea
regia/director Carlo Quartucci
Firenze 1981

Carlo Quartucci
Comédie italienne
regia/director Carlo Quartucci
Amsterdam 1981

Lorenzo Vitalone
Progetto Savinio
regia/director Lorenzo Vitalone
Milano 1982

Igor Stravinskij
Histoire du soldat
regia/director Mauro Avogadro
Gardone Riviera 1987

William Shakespeare
Timone d'Atene
regia/director Andrée Ruth Shammah
Milano 1987

Franz Kafka
Il processo
regia/director Andrée Ruth Shammah
Milano 1989

Aldo Busi
Clementina Gnoccoli
regia/director Adalberto Tosco
Dolceacqua 1989

INTERPRETE NEI FILM/*ACTRESS IN FILMS*

La città delle donne
regia/director Federico Fellini 1979

**L'osservatorio astronomico
del signor Nanof**
regia/director Paolo Rosa
Studio Azzurro 1984

La coda del diavolo
regia/director Giorgio Treves 1986

**INTERPRETE NEI LAVORI
TELEVISIVI**/*ACTRESS IN TELEVISION
PRODUCTIONS*

Avanguardie culturali anni '60
regia/director Alfredo Di Laura
RAI 1980

Valeriascopìa
regia/director Gianni Toti
RAI 1983

Pupilla
regia/director Paolo Luciani
RAI 1985

Per saperne di più su Charta
ed essere sempre aggiornato
sulle novità, entra in

To find out more about Charta,
and to learn about our most recent
publications, visit

www.chartaartbooks.it

Finito di stampare nel maggio 2003
da Lasergrafica Polver, Milano
per conto di edizioni Charta